RECHERCHES

SUR

L'ORIGINE

DU

DESPOTISME

ORIENTAL.

Ouvrage posthume de Mr. B. I. D. P. E. C.

Monstrum horrendum, informe, ingens.....
Virgil.

MDCCLXVI.

Duchesne

TABLE
DES
SECTIONS.

TABLE des SECTIONS.

F I N de la Table.

RECHERCHES

SUR

L'ORIGINE.

DU

DESPOTISME.

SECTION I.

Différens sentimens sur l'Origine du Despotisme.

LES Monarques de l'Orient nous sont représentés comme les arbitres souverains du sort des peuples qu'ils gouvernent, & leurs sujets, comme des esclaves destinés dès leur naissance à por-

A

ter le joug d'une humiliante & déplorable servitude. Si nous faisons passer devant nos yeux les histoires & les relations d'Asie, nous verrons avec étonnement que depuis une très longue suite de siecles il n'y a point eu d'autres Loix en ces climats que la volonté des Princes, & qu'ils ont toujours été regardés comme des Dieux visibles, devant qui le reste de la terre anéantie devoit se prosterner en silence. De nos jours encore les voyageurs sont souvent témoins des scénes tragiques & barbares que produit sans cesse cette constitution révoltante, qui fait qu'un seul est tout, & que le tout n'est rien.

C'est dans ces tristes régions que l'on voit l'homme sans volonté, baiser ses chaînes, sans fortune assurée & sans propriété, adorer son Tyran; sans aucune connoissance de l'homme & de la raison, n'avoir d'autre vertu que la crainte; &, ce qui est bien digne de notre surprise & de nos réflexions, c'est là que les hommes portant la servitude jusqu'à l'héroïsme, sont insensibles sur leur propre existence, & bénissent avec une religieuse imbécillité le caprice féroce qui souvent les prive de la vie, seul bien qu'ils devroient posséder sans doute, mais qui selon la Loi du Prince, ne doit appartenir qu'à lui seul, pour en disposer comme il lui plaît.

Plus on a réfléchi sur les traits qui caractérisent les Souverains & les Peuples Asiatiques, plus on a désiré de connoître comment le genre-humain, né libre, amoureux & jaloux à l'excès de sa liberté naturelle, sur-tout dans les siecles primitifs, a pu totalement oublier ses droits, ses privileges, & perdre ce bien précieux, qui fait tout le prix de son existence. Quels événemens ou quels motifs, en effet, ont pu contraindre ou engager des êtres doués de raison, à se rendre les instrumens muets & les objets insensibles des caprices d'un seul de leurs semblables?

Pourquoi dans un climat tel que l'Afie, où la Religion a toujours eu tant de pouvoir fur les efprits, pourquoi dis-je, le genre-humain y a-t-il, par un concert unanime & continu, rejetté le don le plus beau, le plus grand & le plus cher qu'il ait reçu de la nature, & a-t-il renoncé à la dignité qu'il tient de fon Créateur? Cette étrange difpofition des efprits Afiatiques, & cette malheureufe fituation de la plus belle partie du Monde, ont extrêmement touché dans tous les temps les Philofophes, les Hiftoriens & les Voyageurs; il en eft peu qui n'ayent effayé d'en donner quelques raifons, & d'en chercher les fources, foit dans le moral, foit dans le phyfique de ces climats, mais plus encore dans leur feule imagination, dépourvue des connoiffances néceffaires pour la folution & le développement d'un problême auffi difficile qu'intéreffant.

Quelques-uns ont penfé que pour

parvenir aux caufes primitives de cette dégradation du genre-humain, il
falloit remonter à des fiecles fauvages,
où les hommes errans & timides fe feroient foumis au plus fort, les uns de
gré, les autres enfuite par la force.
Ceux qui ont adopté ce fentiment, paroiffent n'avoir point fait attention que
c'eft dans cet état de vie fauvage qu'u-
ne pareille révolution a dû le moins arriver, puifque c'eft dans cet âge que
le prix de la liberté a dû être le plus
connu & le mieux fenti: elle étoit a-
lors le feul bien du genre-humain: comment auroit-il pu s'en dépouiller? Elle
eft encore l'unique tréfor de l'Amérique; & pourroit-on nier que l'amour
que les Américains lui portent, ne foit
la raifon pour laquelle les Tonnerres
Européens qui les ont effrayés, ne les
ont néanmoins jamais pu fubjuguer?
L'on n'a fait d'efclaves dans cette vafte
contrée que des Mexicains & des Péruviens, qui n'étoient déja plus des

hommes libres au tems de l'arrivée des *Cortez* & des *Pizarro*. Il eſt donc auſſi contraire à la raiſon qu'à l'expérience, de préſumer que des Nations ſauvages ayent pu, dans telle occaſion & pour tel ſujet que ce puiſſe être, ſe ſoumettre de plein gré à un ſeul. Il eſt encore bien moins vraiſemblable que ce genre de Gouvernement ait pu s'établir chez de tels Peuples par la force. Quelles ſont les voies & les armes capables d'aſſujettir un homme qui eſt libre de fuir, qui eſt dans l'uſage d'errer d'un lieu dans un autre, & qui n'ayant que ſa liberté à conſerver, a tant de facilité pour le faire? *En vain tu pourſuis les Scythes*, diſoit leur Ambaſſadeur au plus grand Conquérant du Monde, *je te défie de les atteindre: notre pauvreté ſera toujours plus agile que tes armées.*

D'autres ont été chercher l'origine du Deſpotiſme & ſon établiſſement chez des Peuples raiſonnables & civilifés, que quelques ambitieux trop heureux auront foumis par dés moyens violens, mais continus & toujours foutenus par la terreur; ce qui aura fait naître l'efclavage, ou au moins en aura préparé le joug & l'habitude. L'Hiftoire fembleroit juftifier ce fiftême; mais fi l'on retrouve quelques rapports entre les événemens arrivés depuis que ce cruel Gouvernement eft né & a étendu fes limites, on ne peut néanmoins y voir qu'une fauffe conjecture, fi l'on effaye de l'appliquer au Defpotifme primitif. Le premier homme qui a tenté de foumettre fes femblables, a dû, chez des peuples civilifés, comme chez des peuples fauvages, foulever les autres contre lui. Avant la conquête, il auroit fallu lever une armée, qu in'eft qu'une fuite de la conquête.

Le Gouvernement domeftique des premiers hommes a encore été regardé par pluficurs politiques, comme le principe originel du Defpotifme. Un

Pere, chef de fa famille, en eſt, di-
ſent-ils, devenu le Roi & le Deſpote,
à meſure que cette famille s'eſt étendue, & que ſes branches multipliées
autour du Trône, ont commencé à former un grand peuple. Mais quand il ſeroit auſſi certain qu'il l'eſt peu, que le
pouvoir des Peres dans les premiers âges
ait été un pouvoir abſolu ſur leurs enfans,
les enfans devenus à leur tour des chefs
de familles particulieres, euſſent eu, ſans
doute, le même droit qu'avoit eu leur
Pere commun, de préſider chacun dans
leurs habitations.   En admettant ainſi
le pouvoir paternel comme la ſource
des autorités primitives, loin d'en
voir ſortir ces grandes Monarchies &
ces grandes Sociétés régies par une
même volonté, on n'a dû voir qu'une
multitude de petits centres & de cer-
cles iſolés les uns des autres, gouvernés ſéparément ſur le modele, mais non
ſur la loi du cercle originel. Il eſt vrai
que leur ſource commune a dû produi-

re entre eux quelques liaiſons & quelques rapports. Je ſoupçonnerois volontiers que c'eſt à cette liaiſon que quelques Ariſtocraties, par la ſuite des temps, auront dû leur origine. Le pouvoir paternel, devenu compoſé & comme dépendant de la Société par le progrès des familles, a dû néceſſairement y donner lieu : mais je ne vois point la ſource du pouvoir arbitraire & ſans bornes. Comment d'ailleurs l'autorité paternelle, qui reconnoît les loix de la nature, auroit-elle pu produire le Deſpotiſme qui n'en reconnoît point ?

Pluſieurs ont encore été chercher les cauſes ſecrettes de ce Gouvernement dans les diſpoſitions naturelles que les peuples ſemblent avoir reçu de leurs climats, qui les rendent plus ou moins propres à connoître le prix de leur exiſtence, & plus ou moins vifs ſur leurs intérêts. L'Hiſtoire nous montre l'Europe toujours brave, toujours jalouſe de ſa liberté ; elle nous fait voir au contraire l'Afie plongée en tout temps dans l'indolence & la fervitude. Il a paru naturel d'attribuer aux climats des rapports auffi conftans & auffi fuivis, l'uniformité du caractere des diverfes Nations qui fe font fuccédées de fiecle en fiecle dans ces deux parties du Monde, paroiffant confirmer cette idée, a fait auffi penfer que le climat de l'une produifoit des hommes libres, & que le climat de l'autre ne pouvoit produire que des efclaves.

Quoique l'expérience & une multitude de faits femblent de plus en plus autorifer & juftifier ce fentiment, il feroit peu raifonnable de regarder la nature du fol ou de la température de l'Afie comme l'unique caufe de la fervitude qui y regne & qui y a toujours régné : ce feroit tout accorder au phyfique, aux dépens d'une infinité de caufes morales & politiques, qui ont pu y concourir; ce feroit attribuer à un feul refport, que l'on prétend connoî-

tre, tous les effets d'une machine qui
peut & doit avoir plusieurs autres mobiles qu'on a peut-être négligé d'examiner. Tel que soit le pouvoir des
climats sur les divers habitans de la terre, nous pouvons être certains, par
exemple, qu'il n'y a aucune action physique qui puisse éteindre dans l'homme
le sentiment naturel de ses plus chers
intérêts, à moins que l'éducation &
les préjugés n'y cooperent, en ne lui
présentant dès l'enfance que de faux
principes sur son bonheur réel & sur
ses vrais devoirs. Tout fait sentir au
jeune Asiatique qu'il est esclave, &
qu'il doit l'être; tout apprend à l'Eu-
ropéen qu'il est raisonnable, & l'A-
méricain voit qu'il est libre.

Voilà, sans doute, quel est le grand
ressort qui seconde l'action des climats
& la véritable cause des diversités que
nous voyons dans le genre de vie, dans
la façon de penser & dans le Gouvernement de toutes les Nations. Echan-

geons leurs principes , & nous pouvons être sûrs qu'indépendamment de
toute la vertu & de toute l'influence de
leur climat, nous verrons la liberté dans
l'Afie , la raifon dans l'Amérique, &
l'efclavage dans l'Europe. Les difficultés qu'on rencontreroit en faifant
cet échange , feroient vraifemblablement en raifon de la force du phyfique
de chaque lieu; il faudroit, fuivant les
climats, plus ou moins de temps, ou
plus ou moins de peine; mais à la fin
l'éducation feroit certainement victo-
rieufe.

L'Afie peut nous fournir la preuve
de ce que je viens d'avancer fur l'infuf-
fifance de l'action des climats , lorfque
cette action n'eft point combinée avec
les préjugés des hommes. Cette partie
du Monde eft trop vafte & trop étendue pour avoir par tout le même Ciel ,
la même Zône & la même température; on ne voit néanmoins aucune mo-
dification dans les préjugés qui y re-

gnent, & malgré toutes les variétés du
fol, une caufe fecrette lui fait fubir
partout une même loi ; le Nord comme le Midi, l'Orient comme l'Occident de cette immenfe Région, n'o-
béiffent qu'à des Defpotes , & ne re-
connoiffent d'autre loi que la volonté
de leurs Souverains.   Il doit donc néceffairement y avoir dans l'Afie des
contrées où le Defpotifme ne doit rien
au climat où il regne ; il y doit tout
à l'habitude & aux préjugés de fes efclaves.   L'Amérique produiroit auffi
de femblables objections aux Phyficiens
politiques : elle contenoit deux grands
Etats defpotiques , environnés de Nations libres & vagabondes.   Il en eft
de même de l'Afrique, où l'on voit
un mélange bizarre de peuples foumis
à de grands & de petits Defpotes, &
de Barbares errans dans fes déferts.

Je n'accumulerai point ici , contre
ces prétendues influences du Ciel & de
la Terre, une multitude d'autres réfle-

xions, qu'une faine Philofophie & le fentiment naturel font capables de préfenter à tous les hommes ; il en réfulteroit toujours que l'état des Nations & leurs divers Gouvernemens dépendent effentiellement de leurs préjugés. Ceffons donc de nous arrêter fur des fyftêmes faux en eux-mêmes , ou du moins incomplets ; abandonnons des recherches peu heureufes jufqu'ici, & n'ayons plus recours à des chimeres phyfiques & politiques pour expliquer les erreurs humaines, car le Defpotifme en eft une.

SECTION II.

Route qu'il faut fuivre pour parvenir aux véritables fources du Defpotifme.

LE Defpotifme eft une erreur , & une fuite des erreurs du genre humain ; ainfi ce n'eft point dans le

physique de chaque lieu, ni par le secours d'aucun fystême philofophique,
qu'il en faut chercher la fource pour
la montrer aux hommes, & pour les
inftruire. C'eft à des faits qu'il faut
recourir; c'eft fur eux qu'il faut appuyer des preuves qui foient elles-mêmes des faits : ce font les détails & les
ufages, ce font toutes les coutumes de
ce Gouvernement qu'il faut étudier, rapprocher & concilier les unes avec les
autres & avec la grande chaîne des erreurs humaines, pour en connoître l'efprit, & pour parvenir enfuite aux véritables points de vue qu'ont eu primitivement ces ufages & ces coutumes.
C'eft en fuivant cette route, à l'aide
de toutes les connoiffances que j'ai
tâché d'acquérir fur l'Hiftoire de la Nature, que je crois être enfin parvenu
à découvrir quelle eft la véritable origine du Defpotifme : il m'a femblé qu'il
ne s'étoit point établi fur la terre, ni
de gré, ni de force; mais qu'il n'avoit

été dans son origine qu'une triste suite & une conséquence presque naturelle du genre de Gouvernement que les hommes s'étoient donné dans des siecles extrêmement reculés, lorsqu'ils prirent pour modele le Gouvernement de l'Univers, régi par l'Etre Suprême; projet magnifique, mais fatal, qui a précipité toutes les Nations dans l'idolâtrie & dans l'esclavage, parce qu'une multitude de suppositions qu'il a fallu faire, ont ensuite été regardées comme des principes certains; & qu'alors les hommes perdant de vue ce qui devoit être le vrai mobile de leur conduite ici-bas, ont été chercher des mobiles surnaturels, qui n'étant point faits pour la terre, les ont trompé & les ont rendu malheureux.

Avant de nous engager dans la carriere qui m'a conduit à cette découverte, il sera nécessaire de faire connoître quelles ont été les circonstances qui ont porté les Sociétés à concevoir une

une idée si haute & si sublime. Nous examinerons ensuite quel a été ce genre de Gouvernement qu'elles avoient choisi & établi; nous le chercherons dans l'histoire; nous étudierons ses coutumes & ses usages, & nous verrons découler de cet examen une multitude de connoissances inattendues, qui nous apprendront comment ce point de vue primitif si beau, & qui paroît si digne des créatures pensantes, s'est changé en un désert rempli d'horreurs & de miseres; nous découvrirons quels sont les maux qui sont sortis d'un plan qui n'avoit eu pour objet que le bonheur du genre humain, & nous appercevrons enfin comment les hommes ont été-avilis & dégradés par les conséquences d'un principe qui les couvre de gloire.

L'alliance étroite & funeste, que j'ai trouvée entre l'Idolatrie & le Despotisme, augmentera l'horreur que doit nous causer cet odieux Gouvernement; mais elle nous obligera aussi d'en exa-

B

miner l'origine, parce qu'elle fait une partie essentielle de son histoire. Je ne rappellerai point les différens systêmes qu'ont imaginé les anciens & les modernes sur les sources de ce culte insensé de nos peres. Je marcherai vers l'Idolatrie comme vers le Despotisme, par une route qui n'a pas encore été frayée, & j'arriverai à leurs sources, sans m'embarrasser des hypotheses, des conjectures & des préventions de ceux qui m'ont précédé.

Je ne pourrai point développer ces importantes anecdotes de l'esprit humain, sans lui présenter le tableau de ses erreurs ; perspective humiliante en elle-même, & quelquefois dangereuse par les suites. S'il y a cependant quelque danger à le faire, ce ne peut être que dans la façon de s'y prendre ; ce seroit en ne lui présentant ce tableau que pour l'avilir & le dégrader, que pour lui faire des reproches amers & infructueux, & pour achever de lui

ôter le peu de confiance qui lui reste en
sa raison, dont une morale mystique
n'a déja que trop affoibli le ressort. Il
y auroit du danger sans doute à n'instruire l'homme de ses égaremens qu'en
Philosophe austere, & en ennemi du
genre humain ; ce seroit le porter
au désespoir, & le réduire à la condition des bêtes. Ce n'est point là l'objet
de cette Philosophie bienfaisante &
éclairée qui fait la gloire de notre siecle, & dont je cherche à suivre l'esprit :
aussi éloignée de tous sentimens extrêmes qu'amie du vrai, elle sait prendre
le milieu entre le faux sublime de la
Superstition, lorsqu'elle prétend porter
l'homme au-dessus de sa sphere, & le
Stoïcisme atrabilaire & sauvage, qui
quoiqu'ennemi du fanatisme en est un
lui-même : Il est aussi capable que lui
d'égarer l'homme, parce qu'il ne lui
donne que des leçons propres à méconnoître sa nature, son état & ses devoirs
ici-bas. La saine Philosophie évite ces

écueils; elle fçait ramener l'homme à lui-même & le confoler de fes égaremens. Lorfqu'elle apprend aux habitans de notre planete qu'ils fe font trompés, ce n'eft point pour leur perfuader qu'ils n'ont point de raifon ou qu'ils doivent la craindre, c'eft pour leur faire remarquer qu'ils n'en ont point toujours fait un ufage convenable. Cet avertiffement porte toujours avec lui fon inftruction; car fur telle partie de leurs ufages ou de leurs opinions qu'il puiffe tomber, il fuffit de rappeller avec douceur l'efprit de l'homme à la raifon, pour tôt ou tard y ramener fes pas; il n'eft point d'erreurs qui ne lui foient nuifibles. Ce même avertiffement procure enfuite une vraie confolation; l'inftruction qu'il renferme, en eft une pour la raifon, naturellement amie de la vérité, & pour laquelle elle a toujours un penchant invincible.

Il eft encore un autre point de vue

utile & confolant, que la vraie Philofophie ne néglige point de faire appercevoir aux hommes dans le tableau
même de leurs erreurs ; elle leur montre
qu'il n'y a point de fauffes opinions,
point de préjugés, point de traditions
ridicules ou d'ufages corrompus, qui
n'ayent eu dans leur origine quelque
excellente vérité pour bafe, & fouvent
même quelques principes qui font honneur à l'humanité : d'où il arrive que
l'hiftorique de ces erreurs en devient la
meilleure preuve ; alors le courage de
l'homme fe releve, la confiance qu'il
étoit prêt de ne plus avoir en fa raifon,
fe ranime ; il apprend que ce n'eft ni
l'abus qu'il en a fait, ni fon orgueil,
qui ont produit fes chûtes ; qu'elles
viennent de ce qu'il a ceffé de faire ufage de fa raifon, & de ce qu'il ne l'a
point affez eftimée ; il reconnoît que
s'il eft tombé dans toutes fortes de défordres, ce n'a point été parce que fa
nature a dégénéré & s'eft infectée d'u-

ne prétendue corruption, mais parce
qu'il a trop refpecté les inftitutions de
fes peres, fans fe défier du temps qui
corrompt les meilleures chofes; parce
qu'il ne s'eft point apperçu des altéra-
tions qui les ont infenfiblement chan-
gées; parce qu'il a continué de les refpecter aveuglément, en céffant de penfer & de réfléchir par lui-même; enfin parce qu'il s'eft imaginé toujours
fuivre les loix & les ufages de fes ancêtres, lors qu'il n'en fuivoit plus que
le fpectre & le fantôme.

C'eft en mettant cet important point
de vue dans tout fon jour, qu'il ne
peut y avoir aucun danger d'offrir aux
hommes la peinture & l'hiftoire de leurs
erreurs; en les faifant reffouvenir de
leur raifon, on ne peut que les rendre
meilleurs & plus heureux. En détrui-
fant une foule de faux principes & de
faux mobiles, qui tantôt les élevent
trop, & tantôt les rabaiffent au-deffous
d'eux-mêmes, on ne peut qu'écarter

l'incertitude de leur état, & les ramener aux véritables connoiſſances de leurs
intérêts & de leurs devoirs. Puiſſe le
genre humain, que j'aime & que je
reſpecte, parce que la nature m'y porte & que la raiſon me l'ordonne, profiter un jour de toutes les inſtructions
& des conſolations que mon ouvrage
pourra lui fournir ! c'eſt à lui que je le
conſacre, bien plus qu'à mes conci-
toyens dont il eſt de mon devoir de mé-
nager la foibleſſe.

SECTION III.

Les anciennes révolutions de la Nature
ſont les ſources innocentes de toutes les
erreurs humaines.

Nous ſommes tous les jours les témoins de la facilité avec laquelle
un homme, rendu à la tranquillité,
perd le ſouvenir des maux qu'il a ſouf-

ferts, & de l'ardeur avec laquelle il s'occupe à réparer ses anciennes miseres. Nous remarquons même souvent qu'un rayon de joie & de contentement suffit pour suspendre nos peines, que nous sommes alors disposés, à ne plus regarder que comme de mauvais songes. Il en a été de même du genre humain; après avoir été presque entiérement exterminé par les anciennes révolutions de la Nature, il a tout oublié; & lorsque le repos lui fût rendu, il n'a songé qu'à réparer ses pertes.

Les siecles ont vu des temps déplorables, où l'ordre de la Nature troublé & renversé a précipité tous les êtres de notre Globe dans des calamités sans nombre. Le Monde a perdu sa lumiere; la marche du Soleil & des planetes s'est altérée; les Continens que nous habitons, ont été des scenes mouvantes, où les incendies, les inondations, les tremblemens & les ténebres ont regné tour à tour, & sur lesquels les mers, les fleuves & les rivieres, tantôt débordées, tantôt desséchées, ont produit mille fléaux successifs , qui ont désolé le genre humain.

Il a été des temps où l'homme s'est regardé comme l'objet de la haine & de la vengeance de toute la nature irritée ; toutes les sociétés ont été rompues ; les hommes ont été obligés d'errer à l'avanture sur les ruines du Monde, au gré de tous les fléaux qui sembloient les poursuivre ; ils étoient alors sans secours, sans subsistance & sans consolation ; retirés dans les montagnes, elles s'écroûloient sous leurs piés ; fugitifs dans les plaines, les eaux venoient les submerger ; cachés dans les antres & les cavernes, ils y étoient ensevelis tous vivans ; enfin toujours errans , toujours cherchans de nouveaux climats & de nouveaux asiles , par tout ils étoient persécutés.

Les monumens naturels qui restent par tout le Monde de ces anciennes &

effroyables cataftrophes, fónt aujourdhui, & depuis une infinité de fiecles,
méconnus de prefque tous les habitans
de la Terre: ce n'eft qu'un petit nombre de Phyficiens & de Philofophes,
qui, depuis un fiecle tout au plus,
commencent à y lire l'hiftoire ancienne
de la Nature & du genre humain. *
Mais tout ce qu'ils y voyent, n'eft encore confidéré de la plupart que comme des objets plus amufans & plus
frivoles qu'inftructifs & intéreffans.
Les fublimes anecdotes de la Nature,
gravées par toute la Terre en caracte-
res ineffaçables & faits pour toutes les
làngues, ne fónt regardées que comme des fonges & des chimeres, par le
vulgaire prévenu, qui ne veut ni voir
ni penfer par lui-même.

Si l'on a méconnu les monumens naturels de ces grands événemens, l'on a

* Voyez *Telliamed*, l'*Hift. nat.* de Mr. *de Buf-
fon Tom. I.* La préface du Tom. III. des *Oeu-
vres* de Mr. *Lehmann*, &c.

encore plus méconnu les monumens
hiſtoriques, l'on a négligé de maintenir & de conſerver les uſages, les coutumes & les inſtitutions civiles & religieuſes que les anciens peuples avoient
établies, pour perpétuer à jamais le
ſouvenir des malheurs du monde, &
pour inſtruire les races futures de ſon
inconſtance & de ſa fragilité. Il eſt
pourtant vrai qu'il y a peu de Nations
qui n'ayent conſervé à ce ſujet quelques traditions confuſes ; quelques-unes
même ont des livres d'une très - haute
antiquité, qui ſemblent nous apprendre
tout ce qu'il eſt poſſible de ſavoir ſur
cette partie de l'hiſtoire du Monde, &
nous en déſigner préciſément le temps
& la durée. Mais tout ce que ces traditions & ces prétendues hiſtoires, que
chaque peuple révere comme ſacrées,
nous ont tranſmis ſur les révolutions de
la Terre, ne nous préſente que des
veſtiges foibles, tronqués, mutilés &
corrompus ; les cauſes, les progrès ,

les effets & les suites de ces événemens
n'y sont que des fables ; on n'y remarque aucuns détails qui soient conformes
aux mouvemens de la Nature, & analogues à la multitude & à la variété des
phénomenes & des accidens, qui ont
été sans nombre dans le Ciel & sur la
Terre. Il n'y a pas un seul de ces livres, dans lesquels ont prétend faire
voir aux hommes l'histoire de leur origine, qui ait insisté sur cette fameuse
époque, comme sur la cause & la source des loix, des coutumes, des Gouvernemens & des Religions. Ils gar-
dent tous un profond silence sur les impressions que les malheurs du Monde ont
faites sur les hommes, aussi-bien que
sur les suites bonnes ou mauvaises qu'ont
eu ces mêmes impressions.

Le Déluge universel qui submergea
le genre humain, suivant les annales
des Hébreux, y paroît avoir moins
de suites que n'en avoit chez les Romains une inondation du Tibre ; c'est

un fait isolé, aussi-tôt oublié que ra-
conté, & qui ne tient plus à aucun
des événemens des siecles qui ont suivi ;
ce sont cependant les révolutions de la
Nature, qui, après avoir détruit les
Nations, ont ensuite été les vrais législateurs des sociétés renouvellées ; ce
sont elles, qui, après avoir rendu les
Nations aussi religieuses qu'elles avoient
été misérables, sont par la suite devenües
la matiere, l'objet & la cause innocente de toutes les fables, de tous les Ro-
mans de l'Antiquité, de toutes les erreurs politiques & religieuses qui ont
séduit l'esprit de l'homme, & de toutes les opinions qui ont produit ses malheurs & sa honte.

Ce sera donc l'homme échapé de la
ruine du Monde, que nous allons considérer & étudier ; nous résoudrons par
là une infinité de problemes qui con-
cernent l'homme actuel & le genre humain depuis les temps connus. Ce ne
sera point un Sauvage, un être méta-

physique, ou cette créature créée parfaite & qui s'est corrompue, chimere
dont tant de Docteurs & de Savans se
sont vainement occupés ; ce sera un être
réel, que nous examinerons dans un
état réel : en le suivant pas à pas, à mesure qu'il s'écartera de cette époque,
il ne nous ménera point à des conjectures solitaires, & qui ne tiendront à
rien, mais à une route immense, où
toutes les parties de la fable & de l'histoire viendront aboutir, s'éclairciront
les unes par les autres, & se rangeant
d'elles-mêmes dans l'ordre convenable,
exposeront à nos yeux la véritable chaîne des annales du Monde moral & politique.

Je ne parle ici, & je ne parlerai dans
cet Ouvrage que des temps qui ont suivi
ceux qui ont donné à l'Univers la dis-
position qu'il a présentement, & que
nous lui connoissons depuis un grand
nombre de siecles. A l'égard des temps
qui les ont précédés, ils sont pour moi

comme s'ils n'euffent jamais été; bien qu'ils ayent exifté, ils ont été fi obfcurs, même pour l'antiquité la plus reculée, que la plupart des Peuples anciens fe font imaginé voir la création & la naiffance de toutes chofes dans les anecdotes déja corrompues de ce qui n'étoit que le renouvellement du Monde; erreur groffiere, qui en a fait naître une infinité d'autres, comme nous le verrons dans le cours de cet Ouvrage.

SECTION IV.

Impreffions que les malheurs du Monde ont dû faire fur les Hommes.

MAlgré l'obfcurité dans laquelle il paroît que nous devons néceffairement tomber en franchiffant les bornes hiftoriques, nous ne manquerons pourtant point de flambeaux & de guides fûrs en cherchant au delà, c'eft-à-dire en fouillant dans les efpaces ténébreux, que le plus grand nombre regarde comme imaginaires, où nous trouverons des faits naturels, & des institutions humaines. Pour éclaircir le vrai tombé dans les ténebres, & pour y faire rentrer à leur tour toutes les chimeres sacrées auxquelles l'ignorance & l'imposture ont donné l'existence, il suffira de nous transporter un instant au milieu des anciens témoins des calamités du Monde, d'examiner comment ils en étoient alors affectés, de remarquer les impressions naturelles que ces désastres devoient produire en eux, & les sentimens dont ils devoient être pénétrés, nous appliquerons ensuite ces mêmes sentimens & les suites naturelles de ces impressions à tous les usages de l'Antiquité, c'est-à-dire à la police & aux loix anciennes, à tous les cultes, à tous les Gouvernemens, enfin à toute la conduite & à toutes les opinions du genre humain, dans tous les siecles que

nous

nous pouvons connoître. Tel va être
le moyen avec lequel nous réfoudrons
facilement une multitude d'énigmes
& de problêmes; leur folution offrira
de nouvelles fciences au Monde, &
dévoilera à nos yeux furpris une antiquité toute nouvelle.

Avant d'entrer dans cet examen,
je dois prévenir que l'on doit bien fe
garder d'imaginer que le genre humain, dans les temps où nous voulons
l'étudier, & comme le furprendre, ait
été différent du genre humain d'aujourdhui; c'eft une erreur dont il faut
fe défaire. Six ou fept mille ans d'in-
tervalle, que l'on met commùnément
entre les premiers hommes connus &
ceux de notre âge, ont fait fuppofer
à un grand nombre de Sçavans qu'il
pouvoit & qu'il devoit y avoir entr'eux
& nous des différences très-marquées.
Il eft arrivé de là que dans les queftions
philofophiques qui les ont concernés,
nous avons été portés à en augmenter

les difficultés en raison de l'éloigne-
ment des temps, & que nous les avons
réellement augmentées, parce que nous
nous sommes écartés de nous-mêmes,
qui ressemblons à nos peres, comme
nos peres nous ressembloient; toute la
différence qu'il doit y avoir entr'eux
& nous, ne consiste que dans quelques
inventions & dans quelques connoissances que nous avons acquises depuis eux;
à l'égard de certains sentimens ou préjugés naturels, & de certaines idées
qui sont presque identifiées avec l'esprit
& le caractere de l'homme, & qui le
saisissent malgré lui en de certaines occasions, nous devons être sûrs que les
anciens ont été les mêmes que nous;
ils ont pensé, ils ont senti comme nous,
& comme nos neveux penseront &
sentiront dans des milliers de siecles,
s'ils se trouvent dans des circonstances
propres à faire naître ou à réveiller ces
idées & ces sentimens.

Actuellement prévenus de cette ressemblance; pour nous tracer une image des impressions qu'ont faites les malheurs du Monde sur ceux qui en ont été les témoins, il doit nous être égal de nous transporter au milieu d'eux, en nous repliant sur nous-mêmes, ou de supposer que ces malheurs arrivent de nos jours, & que nous sommes témoins de toutes les mêmes calamités qui ont autrefois ravagé l'Univers, & presque anéanti le genre humain.

Que penserions-nous donc, si le Soleil éteint cessoit de donner sa lumiere? si les forces exaltées de la Nature changeoient son harmonie en un nouveau cahos, si les mers inondoient les terres? si les terres se soulevoient contr'elles? Que dirions-nous si des milliers de volcans s'embrasoient de toutes parts? si le feu le souphre, le bitume s'élançoient par torrens du sein des montagnes, si la plupart des Continens brisés s'enfonçoient sous nos pieds? Que penseroit enfin le genre humain d'aujourdhui s'il se trouvoit au milieu de tant de fléaux & de tant de désolations? Il ne faut pas beaucoup de Philosophie & de Métaphysique pour le deviner. Il croiroit être à la fin du Monde; il s'imagineroit être au jour de la justice & de la vengeance; il s'attendroit à chaque instant à voir le Juge Suprême venir demander compte à l'Univers, & prononcer ces redoutables arrêts que les méchans ont toujours craints, & que les justes ont toujours attendus. Tels sont les sentimens dont on seroit alors saisi & occupé. Ces dogmes sacrés de la fin du Monde, du Jugement dernier, du Grand Juge, & de la vie future, se retraceroient avec force à notre esprit; & affecteroient profondément & généralement tous les habitans & toutes les Nations de la Terre. Ces mêmes dogmes affecteront un jour nos neveux, s'ils se trouvent dans ces fatales circonstances: ce sont eux qui ont affecté pareillement nos peres, quand ils ont vu cesser la primitive harmonie de l'Univers.

On trouvera peut-être ces idées ou trop simples, ou trop composées pour les temps où je viens de me transporter. On voudroit sans doute que je pénétrasse dans l'esprit humain, pour y chercher comment ces idées ont pu y naître une premiere fois ; c'est un travail que je laisse à d'autres ; ils peuvent philosopher tout à leur aise sur les opinions de ces instans de terreur, qui ne sont point ceux de la Philosophie. Il me suffit ici de savoir que ce sont ces dogmes qui ont vivement agi sur l'esprit & sur le cœur des hommes, dans toutes les situations extrêmes de la Nature. Passons aux suites bonnes & mauvaises qu'ont eu ces impressions.

SECTION V.

Premiers effets des impreſſions des malheurs du Monde ſur la Religion & ſur le Gouvernement des hommes.

IL faudroit peu connoître les hommes, pour douter que dans des temps auſſi malheureux, & dans les premiers âges qui les ont ſuivis, ils n'ayent été très-religieux , & que ces calamités ne leur ayent alors tenu lieu de Miſſionnaires ſéveres & de puiſſans Légiſlateurs, qui auront tourné toutes leurs vues du côté du Ciel , du côté de la Religion, & du côté de la Morale. Cette multitude d'inſtitutions auſteres & rigides dont on trouve de ſi beaux veſtiges dans l'hiſtoire de tous les peuples fameux par leur antiquité , procede vraiſemblablement de cette ſource ; il en doit être de même de leur police. C'eſt ſans doute à la ſuite de ces temps déplorables qui avoient réduit l'espece humaine, renversé son séjour, & détruit sa subsistance, qu'ont dû être faits ces réglemens admirables, que nous trouvons chez les anciens peuples, sur l'agriculture, sur le travail & l'industrie, sur la population, sur l'éducation, & sur tout ce qui concerne l'œconomie civile & domestique.

Ce fut sans doute alors que l'unité de principe, d'objet & d'action, s'étant ranimée parmi les mortels réduits à un petit nombre & pressés des mêmes besoins, les premieres, de Loix domestiques devinrent la base, ou pour mieux dire, les seules Loix des Sociétés, ainsi que nous le prouvent toutes les anciennes législations. Comme la guerre forme des Généraux & des soldats, comme les troubles & les agitations forment de grands Orateurs, de même les maux extrêmes du genre humain, & la grandeur de sa misere & de ses nécessités, ont donné lieu aux Loix les plus simples & les plus fages, & à toutes les légiflations primitives, qui ont eu principalement pour objet le vrai & le feul bien de l'humanité. Dans ces momens critiques, l'homme devenu fage & raifonnable par fes malheurs, ne s'eft point conduit par la coutume, comme il pouvoit faire auparavant, ou comme nous faifons aujourdhui; il a été forcé de réfléchir & de penfer par lui-même, & de pourvoir à fon bonheur par les inftitutions les plus folides & les plus utiles.

C'eft à ces anciennes Loix, fruits heureux des malheurs du Monde, que les Chinois & les Egyptiens ont dû le nom de *Sages*, qui leur a été donné par toutes les Nations anciennes & modernes. Nous ne devons point croire, cependant, qu'ils ayent été les feuls qui fe foient alors prefcrit une police & des Loix; c'eft vraifemblablement parce qu'ils les ont plus long-tems confervées que les autres peuples, & qu'ils ont foutenu avec plus de refpect & de foin l'édifice de la légiflation primitive, ainfi que leur hiftoire nous le confirme. Peut-être pourroit-on regarder le rare & fingulier privilege des Chinois & des Egyptiens comme un indice que l'un ou l'autre de ces deux peuples a été la tige commune des Nations, depuis le renouvellement du Monde. Une foule d'anecdotes hiftoriques, de fimilitudes & de convenances, y ont déja porté quelques Ecrivains plus hardis que les autres ; mais plufieurs motifs auffi forts & auffi folides que les leurs m'ont obligé de fufpendre mon jugement.

Il eft difficile, par exemple, de fe perfuader que, quelle grande qu'ait été autrefois la deftruction de l'efpece humaine, il ne s'en foit echapé qu'une fociété, & en un feul lieu de la Terre ; ces événemens deftructeurs, tels que nous devons raifonnablement les concevoir, fans avoir égard aux préjugés reçus, ont dû épargner dans presque tous les climats quelques-uns de leurs anciens habitans, sur-tout dans les régions élevées, qui ont dû être les refuges & les berceaux des sociétés renouvellées, bien plutôt que les contrées basses de la Chine, de l'Egypte ou de l'Assyrie. Je pourrois réunir diverses preuves que les hommes ont demeuré long-temps dans les montagnes après ces événemens, & que plusieurs sociétés qui se sont rencontrées par la suite ne se devoient rien l'une à l'autre dans leur origine. Mais sans nous écarter de cette recherche, le titre d'*Autochtone* (mère d'elle-même) dont toutes les Nations anciennes étoient si jalouses, suffit pour nous donner à penser, & je regarde encore comme une très-forte preuve de la multiplicité des témoins des révolutions arrivées à la Terre, la diversité même des traditions sur le déluge, dans chacune desquelles j'ai très-souvent remar-

qué des détails & des anecdotes qui
ont un rapport évident au local &
au phyſique des lieux qui les ont con-
ſervées.

D'après cette remarque, l'état de la
Chine & de l'Egypte pourroit nous
faire ſoupçonner que ces divers débris
des Nations primitives diſperſées en
différentes régions, n'ont point tous
eu la même ſagacité à pourvoir à leurs
beſoins ; mais c'eſt ce qu'il me paroît
encore difficile d'admettre, n'y ayant
point de peuple ſur la Terre, qui,
dans un degré inférieur, à la vérité,
aux Chinois & aux Egyptiens, ne
puiſſe nous montrer des reſtes de ſes
anciennes inſtitutions. Je n'en excep-
te pas même les Sauvages de l'Amérique, ainſi qu'on le verra dans la ſuite de cet Ouvrage. Comme les malheurs du Monde avoient été communs
& généraux, tous les peuples de la
Terre ont dû être vivement intéreſſés
à y remédier ; & quoique ſéparés, ils

ont dû le faire par des moyens aſſez
ſemblables, parce que les ſentimens
& les beſoins devoient être auſſi uniformes que les maux qui les avoient
fait naître.

Cette conſidération m'a paru très-
propre à rendre raiſon des ſimilitudes
que l'hiſtoire nous fait remarquer entre
des peuples très-différens & très-éloi-
gnés, auxquels ſans cela il faudroit néceſſairement accorder une commune o-
rigine, en franchiſſant beaucoup d'autres difficultés hiſtoriques & phyſiques.
Si cependant les Egyptiens & les Chinois ont eu par la conſervation de leur
légiſlation primitive une diſtinction particuliere, cette exception ne doit point
nous ſurprendre ici, ſi nous nous rap-
pellons que l'amour qu'ils ont eu pour
les Loix de leurs ancêtres les avoit portés dès la plus haute antiquité à fermer
l'entrée de leurs Etats à tous les étrangers, & que leur ſituation a beaucoup
favoriſé la manutention de cetteLoi con-

servatrice de toutes les autres.

Cette même remarque nous découvre en même temps les causes de la destruction de l'ancienne législation, ou de sa corruption dans toutes les autres contrées qui n'ont point eu une loi de barriere semblable, ou qui n'ont pu, à cause de leur situation, la maintenir aussi long-tems, & résister aux Colonies, aux invasions & aux guerres, qui par la suite ont changé la face de la Terre & le sort des Nations. J'ai tout lieu de croire que cette Loi contre le Commerce du dehors a été presque générale dans son origine. Les mots d'Etrangers & d'Ennemis ont été très-long-tems synonimes chez plusieurs peuples de l'Asie & de l'Europe. La barbare coutume de sacrifier les Etrangers n'a guères pu provenir que de cette Loi sévere, qui a dû être universelle, puisque le cruel abus qu'on en a fait se trouve chez tous les peuples. Cette Loi de barriere n'a point fait partie de la pre-

miere légiſlation, puiſqu'elle étoit contraire à ſon eſprit général; nous verrons quel en a été l'eſprit & la cauſe.

Quoi qu'il en ſoit, nous trouverons
les traces des inſtitutions du Monde renouvellé, ſur tel ſiecle & ſur tel climat que nous jettions les yeux. Les
Etruſques, les Phrygiens, les Hébreux
& les Perſes ſur-tout, en avoient conſervé des reſtes précieux. Il n'eſt point
de Nation dans l'Aſie moderne qui ne
puiſſe encore nous en montrer quelque
veſtige. Les Péruviens & les Mexicains, au temps où on les a découverts
& détruits, avoient des Loix & des u-
ſages qui ne devoient avoir d'autre dat-
te que celle de la légiſlation primitive;
& ce que ces Américains ont eu de
particulier, c'eſt qu'ils étoient plus en
état alors d'expliquer les vrais motifs
de ces uſages, que les Hébreux, les
Grecs & les Romains, qui en avoient
de ſemblables, & qui ne les ont inter-
prétés que par des fables & des men-

fonges ; nous en verrons plufieurs exemples très-remarquables.

Pour terminer cette fection par une
obfervation non moins finguliere , je
préviendrai que dans l'étude qu'on pourra bien recommencer un jour de toute
l'hiftoire ancienne, la véritable mefure
de l'antiquité de tous les Peuples &
de leurs Loix civiles & religieufes, ne
fera plus celle de leur chronologie ,
mais une mefure morale, qui fera toujours proportionnée aux reftes plus ou
moins nombreux & plus ou moins purs
qu'on y trouvera de la légiflation du
Monde renouvellé. Plus le tableau
des Nations s'eft étendu & détaillé à
mes yeux, & plus je me fuis apperçu,
qu'il ne faut plus juger de leur antiquité par leurs coutumes. J'ai vu
que les coutumes appartenoient aux
peuples, & que les hiftoires n'appartenoient qu'aux particuliers ignorans
& menteurs qui les avoient faites. Le
Gouvernement Chinois, par exemple,

en fe conduifant encore aujourdhui a-
vec cet efprit d'émulation & d'œconomie qui anima les triftes & malheureufes familles autrefois échapées du bou-
leverfement de la Terre, nous préfente par là le véritable fceau de fa profonde antiquité. Ce ne font point fes
Dynafties & fes prodigieufes annales,
par lefquelles il en faudra dorefnavant
juger; ces prétendus titres ne contiennent que des fables mythologiques. Il
en eft de même de tous les autres peuples qui ont vanté leurs Archives civiles & facrées.

SECTION VI.

*Principes des premieres inftitutions reli-
gieufes, & erreurs qui font forties de
l'abus qu'on en a fait.*

APrès que la fermentation de la terre fut calmée, & que les débris du
gen-

genre humain se furent assemblés en diverses contrées pour former de nouvelles sociétés, & s'aider réciproquement à supporter leurs maux & à pourvoir à leurs besoins, les hommes ayant devant les yeux le grand spectacle de l'Univers détruit & rétabli, & dans le fond de leurs cœurs tous les dogmes sacrés qui étoient inséparables de ce spectacle, établirent une **Religion**, dont les principaux motifs furent une reconnoissance infinie envers l'Etre Suprême qui les avoit sauvés, & le désir d'en instruire toutes les races futures.

Pour perpétuer la mémoire des révolutions arrivées, on institua des fêtes commémoratives, capables par les détails qu'elles représenteroient, d'entretenir sans cesse les Nations de la fragilité de leur séjour, & de les avertir, par le tableau des vicissitudes passées, de toutes les vicissitudes à venir. Les jugemens que Dieu avoit exercés sur la terre, y étoient représentés en même

D

temps comme des leçons fur les jugemens qu'il exerceroit un jour, &
le fouvenir des incendies paffés devint
auffi le preffentiment des incendies futurs. C'eft de là que procede ce dogme univerfel de l'attente de la fin du
Monde par le feu ; dogme connu &
reçu de la plus haute antiquité. Les
Hébreux & les Docteurs Orientaux
en faifoient remonter l'origine à Adam,
à Seth, & aux premiers Patriarches ;
ce qui prouve que dans les plus anciens temps connus il étoit déja arrivé des embrafemens qui avoient donné lieu à cette crainte.

Ces commémorations ont encore fait
naître par la fuite des temps tous les
livres prophétiques & apocalyptiques
qui ont fi fouvent troublé le repos des
humains. Les Payens les connoiffoient
fous les noms d'*Oracles Sibyllins* ou de
Livres Achérontiques, & les Hébreux
fous le titre de révélations faites à leurs
ancêtres d'avant & d'après le déluge.

* Tous ces peuples en ignoroient la véritable origine, parce que ces livres à la fin s'étoient dénaturés & corrompus. Ils les confultoient néanmoins dans tous les écarts de la nature, c'eſt-à-dire dans toutes les calamités publiques.

Il eſt encore très-probable que c'eſt de ce même fonds que les Hébreux ont tiré leurs Prophéties de Jérémie, d'Iſaïe, d'Ezéchiel & d'autres ; ils y appliquent fans ceſſe à leurs idées une foule de détails apocalyptiques, qui n'appartiennent viſiblement qu'aux révolutions générales de l'Univers, dont on entretenoit primitivement les peuples aux jours de fêtes & d'aſſemblées, afin de contenir par la crainte ceux qui n'auroient point été contenus par les loix & par la raiſon.

La deſcente du Grand Juge, dont on avoit regardé tous les météores & les

---

* Les Juifs ont eu pluſieurs révélations ou Apocalypſes, attribuées à leurs premiers Patriarches.

phénomenes qui concourent à la ruine
du Monde comme les annonces & les
fuites, devint un dogme redoutable qui
en impofe à tous les hommes, & qui
les remplit d'une terreur religieufe;
cette idée fut fans ceffe rappellée & en-
tretenüe par les phénomenes acciden-
tels que la Nature la mieux réglée produifoit alors & produit encore tous les
jours. Cette venue du Grand Juge, an-
noncée par les météores, eft le dénoüe-
ment de tous les ufages obfcurs & extravagans que toutes les Nations ont
pratiqués, fans favoir pourquoi, à la
vue des Eclipfes & des Cometes, &
dans toutes les autres circonftances où
l'ordre naturel leur paroiffoit altéré ou
changé; comme elles avoient oublié
quels étoient alors les vrais motifs de
leurs allarmes, elles imaginoient des fables pour en rendre raifon, & elles outrerent & corrompirent des inftitutions
fenfées & très-religieufes en elles-mêmes. Je ne connois que les Péruviens

qui ne soient point tombés dans cet oubli; les Eclipses du Soleil & de la Lune leur rappelloient encore le souvenir des anciennes ténèbres qui avoient autrefois couvert la Terre après son embrasement; ils expliquoient par là leurs usages, & ils avoient raison. Le même peuple regardoit cependant les Cometes comme les annonces de la mort ou de la naissance des grands personges; & il se trompoit en cela, comme tous les autres peuples qui ont été long-temps dans la même idée. Les Cometes n'avoient été regardées primitivement que comme les annonces de la ruine du Monde & de la venue du Grand Juge; elles avoient eu rapport à un fait général, mais chacun par la suite n'y a plus été chercher qu'un fait particulier.

A la suite de tous ces objets d'une crainte instructive dont la Religion occupoit les hommes, elle leur offroit l'aspect consolant & flatteur de la vie

future & du regne des juftes, dans
un état de félicité, d'abondance & de
gloire, qui ne devoit plus être expofé
aux révolutions de la Nature. C'étoit
ordinairement par là que la Religion
terminoit fes fêtes, fes inftructions &
fes fpectacles ; car tous ces dogmes,
pour être rendus plus fenfibles, étoient
repréfentés par des fymboles & par des
cérémonies figurées. C'eft de l'abus
de ces repréfentations que font forties
les fables des *Jardins d'Adonis* & d'*E-
den*, des *Champs Elyfées*, du *Paradis
Terreftre*, &c. Les Poëtes & les Commentateurs ne les ont placées en tant
d'endroits divers, que parce que la
plûpart des anciens peuples avoient
chacun des lieux champêtres & déli-
cieux, où tous les ans ils alloient affif-
ter aux repréfentations figurées & myftiques des délices de cette vie célefte
qui doit fuccéder à celle du Monde;
c'eft de là que provient au Japon le pé-
lérinage de la Province d'Isjé, que l'on

fait chaque année pour obtenir la ré-
miſſion de ſes péchés, & pour mériter
le bonheur à venir ; c'étoit l'objet des
proceſſions annuelles que faiſoient les
Athéniens au terriritoire d'Eleuſis ; les
Champs Elyſées n'ont point eu d'autre origine, les noms d'*Isje*, d'*Eleuſis*
& d'*Elyſée* ne ſont ſi viſiblement analogues, que parce que la vie future
étoit appellée les Champs *El-Iſis*, ou
la Terre de la Divine Iſis, nom que
l'on donnoit à la principale figure qui
en étoit le ſymbole.

L'objet de ces repréſentations parut
avec le temps ſi grand & ſi relevé, que
les Prêtres abandonnant au peuple l'extérieur de ces cérémonies, & le laiſ-
ſant le maître d'en penſer ce qu'il
vouloit, crurent devoir ne le révéler
qu'à un petit nombre de gens choiſis ;
c'eſt là ce qui donna lieu à tous les
myſtéres de l'Antiquité, connus ſous
les noms d'*Iſis*, de *Cérès*, d'*Oſiris*,
d'*Adonis*, &c. où l'on ne pouvoit être

admis qu'après de longues & d'austeres préparations.

Quoique les détails de ces mysteres ayent été généralement assez peu connus, il nous en est cependant parvenu quelques anecdotes, qui peuvent en faciliter l'intelligence. En voici une des mysteres d'*Adonis*, qui pour plus d'une raison mérite de trouver ici sa place.

Je supposerai d'abord que le Lecteur est au fait de l'histoire d'*Adonis*. On sait que ce Dieu Phénicien mouroit & renaissoit tous les ans. J'ajouterai, pour plus d'éclaircissement, qu'il n'avoit été dans son origine que le symbole commémoratif du Monde anciennement détruit & renouvellé, & qu'il étoit en même temps une image instructive de sa destruction & de son grand renouvellement futurs. Dans une certaine nuit de la fête, où la représentation d'Adonis étoit dans un tombeau, au milieu de l'obscurité &

des lamentations, la lumiere paroiſſoit tout à coup ; un Prêtre ſe montroit avec un air de ſérénité, & après avoir fait une onction ſur la bouche des Initiés, ſans doute à cauſe du ſecret qui leur étoit enjoint, il diſoit à l'oreille de chacun d'eux que le Soleil étoit venu, & que la délivrance étoit arrivée. Cette grande nouvelle ramenoit l'allégreſſe, & l'on célébroit la réſurrection d'*Adonis* par toutes ſortes de réjouiſſances. * L'extérieur de cette fête étoit connu & répandu, non-ſeulement en Phénicie, en Egypte, mais auſſi chez les Grecs & les Romains ; on ne voyoit dans les premiers jours que deuil & qu'affliction ; on n'entendoit que les cris funebres des pleureuſes déſolées, & l'on ne rencontroit de tous côtés que des tombeaux & des cercueils.

On peut juger par ce culte ſingu-

* Voyez *Jul. Firmicus*, & le Livre Anglois qui a pour titre *Purcha'ſſ Pilgrimage*, *lib.* 1. *c.* 17. *p.* 90.

lier, & fur-tout par l'anecdote rapportée ci-deffus, qu'un Chrétien qui auroit vécu mille ans ou plus avant la venue du Meffie, & qui fe feroit trouvé à ces fêtes ou myfteres d'Adonis, eût cru y voir la fin du Carême. Le Chriftianifme, comme on voit, date de fort loin.

Mais revenons à nos anciennes inftitutions, dont toutes les folies anciennes & modernes n'ont été que les fuites & les abus.

Toute la marche du Ciel, & l'harmonie rendue au Monde, furent pendant long-temps des motifs d'une reconnoiffance conftante & fans bornes envers l'Etre Suprême; cependant, comme fi cette Religion eût prévu ce qui devoit arriver un jour, elle cherchoit dans cette harmonie même, le fujet d'entretenir les hommes de leur inftabilité, de peur que l'oubli du passé, & l'habitude d'une félicité permanente, n'éteigniffent cette crainte falutaire du Grand Juge, qu'il étoit important de conferver. Elle faifoit donc des leçons de tout ; le déclin du jour & le coucher du Soleil lui rappelloient les anciennes ténèbres, la fin de l'ancien Monde, & la fin future du Monde préfent. Le lever de l'Aurore devint pour elle l'image de l'ancien & du futur renouvellement, auffi-bien que du lever du Grand Juge en faveur des juftes ; c'eft de là que toutes les anciennes fêtes commençoient par la trifteffe & finiffoient par la joie ; elles commençoient au coucher du Soleil pour finir à l'autre coucher. * C'eft enfin de là que l'homme idolâtre courut enfuite confulter tous les jours l'Aurore ou le Soleil levant, & que généralement les peuples ont par toute la Terre tourné vers ce côté les portes de

* L'ufage ancien & prefque univerfel qu'ont eu les Nations, de compter par les nuits & non par les jours, tire de là fon origine. Le jour facré ou Eccléfiaftique commence encore chez nous par le foir.

tous les Temples, s'imaginant que le
Soleil & le Grand Juge viendroient du
côté de l'Orient.

La fin & le commencement des périodes des Aftres & des Planetes devinrent par le même efprit l'occafion &
le fujet de femblables leçons. Les quatre changemens de la Lune de chaque
mois, la variété des quatre faifons de
chaque année, étoient de trop vivés
images de l'inftabilité de l'Univers,
pour ne pas les regarder comme des
fignaux inftructifs.

Tous les peuples eurent donc quatre fêtes dans le mois, & quatre fêtes plus folemnelles dans l'année; pendant lefquelles, à l'occafion de ces
mutations lunaires & folaires, on rappelloit aux peuples affemblés, que tout
avoit changé, & que tout changeroit
encore un jour.

Les fêtes qui avoient rapport au renouvellement des périodes aftronomiques, étoient des fêtes de réjouïffan-

ces, & celles qui avoient rapport à leur déclin, n'étoient que des fêtes de deuil & de pénitence.

Comme le mois périodique de la Lune est de près de vingt-huit jours, on devine aisément que ce doit être ici la raison pour laquelle les fêtes lunaires ont été espacées de tout temps de sept en sept jours , & que ce doit être aussi de ce que ces anciennes solemnités étoient réglées par le nombre lunaire, qu'est sorti le respect qu'ont eu généralement toutes les Nations pour le nombre septennaire. La succession de nos fêtes n'a pas pu dépendre, en effet , d'aucun autre événement ni d'autre raison, puisque les quatre solemnités du mois étant aux quatre Phases lunaires ce que les quatre solemnités annuelles sont aux quatre Phases solaires, il faudroit ridiculement en conclure que les fêtes ont réglé le cours des Astres, tandis que le bon sens nous dit que ce sont les Astres qui doivent régler les fêtes. Quoique les Hébreux prétendent que l'œuvre de la Création, opérée en sept jours, est le motif & l'origine des fêtes septennaires, nous voyons cependant au premier chapitre de leur Genèse, que le Soleil & la Lune ont été créés pour indiquer & régler les fêtes & les jours d'assemblées. Comment expliquer cette contradiction, à moins que d'être assez stupide pour imaginer que Dieu a bien voulu mettre dans ses ouvrages un rapport astrologique?

L'usage qui fut établi dans les temps primitifs, d'entretenir ainsi les hommes du renouvellement & de la ruine du Monde, à la fin & au commencement de toutes les Phases & de toutes les Périodes astronomiques, fut la source innocente d'une infinité d'erreurs, lorsqu'une fois le souvenir du passé se fut affoibli, & lorsque les motifs de ces instructions périodiques furent corrompus & inconnus.

En voyant ces commémorations ramenées & toujours indiquées par le nombre *sept*, on pensa qu'il avoit quelque vertu secrette, & quelque rapport mystérieux avec l'origine, l'existence & la durée du Monde.

Les uns imaginerent qu'il avoit été créé; d'autres qu'il avoit été renouvellé; & plusieurs qu'il avoit été jugé en sept jours. Toutes ces différentes opinions se trouvent chez les Hébreux, comme on peut le voir dans la note ci-bas. *

* En général les Hébreux ont apellé les sept jours de la semaine, les sept jours de la *Création*; néanmoins ils ont nommé le septieme jour, pendant lequel ils célébroient cette prétendue Création, du nom de *Sabbath*, qui est aussi le nom du premier mois de leur année solaire. Sa véritable racine hébraïque ne signifie point *repos*, mais *retour renouvellement*; ainsi cette fête de la Créati... ne pouvoit être que la fête du renouvellement du Monde. Les Pseaumes 36 & 92, qui étoient consacrés au souvenir du Sabbath, suffisent pour découvrir l'erreur des Hébreux; le premier n'offre rien qu'un tableau de miséres & d'afflictions; il ne fait entendre que des cris pitoyables qui ne conviennent ni à David, ni à la Création, ni au Sabbath de la façon

Le ſouvenir du renouvellement de la face de l'Univers, s'étant éteint ou con-

qu'ils le concevoient, mais au jour de la deſtruction du Monde, aux *Oſiris* & aux *Adonis* ſymboliques du Monde détruit & du Soleil éteint. Le Pſeaume 92. dont le titre a pareillement rapport au Sabbath, ne nous offre qu'une peinture du Déluge & du rétabliſſement de la Terre. L'auteur du Livre de Job, dans cette magnifique deſcription qu'il donne au chapitre ſixieme des œuvres de la Création, y rappelle la *défaite des Géants qui gémiſſent ſous les eaux.* On voit la même ambiguité dans le chapitre quatorzieme du Livre de la Sageſſe : *C'eſt ainſi,* y eſt-il dit, *qu'au commencement du Monde, quand vous fîtes périr les Géants ſuperbes, un vaiſſeau fut l'aſile & le dépoſitaire des eſpérances de l'Univers.* On voit donc par ces différens paſſages, que le Monde créé, & le Monde renouvellé y ſont toujours confondus. D'après ces variétés on explique aiſément un autre endroit du quatrieme Livre d'Eſdras, *Chap.* 7. *verſ.* 30. & 31. qui a été juſqu'à préſent inexplicable. Après avoir annoncé que les horreurs de la fin du Monde ſont prochaines, le Prophete ménace les pécheurs, & leur dit : que le *Monde va rentrer dans le cahos des ſept jours, comme il eſt arrivé dans les anciens jugemens.* Singuliere opinion qui nous fait connoître que les ſept jours de la Création ou du renouvellement du Monde ont encore été regardés comme les ſept jours des anciens jugemens de Dieu ; auſſi trouve-t-on quelque part dans l'Ecriture, *Je vous ai loué ſept fois le jour à cauſe des jugemens de votre juſtice.*

confidérablement obfcurci, la mémoire de l'ancien Monde s'éteignit de même néceffairement , & l'on ne penfa
plus qu'à celui dont on avoit la jouif-
fance. Lorfque par la fuite des temps
l'on eut affez de loifir pour réfléchir
fur fon antiquité, les fentimens ne purent qu'être fyftématiques & très-par-
tagés ; on lui donna donc plus ou
moins d'antiquité, à proportion du
plus ou du moins d'idées qu'on avoit
confervées du paffé; cela produifoit
cette étrange diverfité que nous remarquons dans la Chronologie des anciens
peuples. Comme il eft naturel de
compter pour rien ce qu'on ne connoît
pas foit dans la Nature, foit dans la
vafte profondeur des temps, bientôt on
fauta par-deffus les fiecles inconnus; on
ofa fixer l'inftant précis de la premiere exiftence du Monde, & l'on confondit l'ancienne époque de fon rétabliffement avec l'époque encore plus
fombre & plus inconnue de fa Créa-

tion primitive. D'où il arriva que lorſqu'on voulut deviner les détails de ce premier de tous les événemens, pour les mettre à la tête des Annales du Monde, que l'impoſture imagina, comme les hommes n'ont pu & ne pourront jamais ſe repréſenter les opérations ſurnaturelles d'un Dieu Créateur & Architecte de l'Univers autrement que par des analogies groſſieres, on ne dépeignit cet acte ſublime & incompréhenſible qu'avec des couleurs ſouillées par des idées que fourniſſoit encore un ſouvenir ténébreux & corrompu des grands déſordres arrivés lors du changement de l'ancien Monde, & l'on ne put diſpoſer les faits & leur ſucceſſion autrement que ſelon les regles, ou plutôt ſelon les chimeres extravagantes de l'Aſtrologie judiciaire; ſcience ridicule qu'eut bientôt fait naître l'attention primitive qu'on donnoit à tous les mouvemens céleſtes, que l'on crut ſi intéreſſans pour le repos

& la tranquilité des nouvelles Sociétés. *

* Les folies de l'Astrologie ont été inventées avant le systême de la Création des Hébreux, cela est visible par les rapports qu'on peut remarquer entre les diverses opérations des sept jours & les prétendues vertus & propriétés astrologiques des sept Planetes. 1. Le jour auquel le Soleil préside, la lumiere fut faite. 2. Le jour de la Lune fut celui où le Firmament, l'Athmosphere furent faits, & où la division des eaux supérieures & des eaux inférieures fut marquée, parce que la Lune préside à l'Athmosphere, & qu'elle est regardée comme une Planete humide & aquatique. 3. Le jour de Mars, comme c'est une Planete réputée charnelle, brutale, & grossiere, l'aride parut & fut appellée Terre. 4. Est le jour de Mercure. Mercure a toujours été regardé comme le Ministre des Dieux, comme l'Entremetteur & le Messager du Ciel aux Enfers, & des Enfers au Ciel: ces attributs lui proviennent de ce qu'anciennement il avoit été l'annonce symbolique des Fêtes, & l'emblême du commerce des mortels avec les Dieux par leur culte & leurs prieres. C'est là, sans doute, la raison pour laquelle il est dit que les signaux des Fêtes & des Assemblées, (le Soleil & la Lune) furent placés ce jour-là dans le Ciel. 5. Le jour de Jupiter, comme c'est la Planete de l'air, & l'abondance multipliée, selon l'Astrologie, il a bien fallu que les oiseaux ayent été créés dans l'air & les poissons dans la Mer, lors du cinquieme jour. 6. L'Homme & la Femme créés le jour de Vénus, ne demandent point d'explication. 7. Dieu enfin s'est reposé le jour

Telles font les fources de ces ténebres, de ce cahos, de ce mêlange primitif des Elémens & de cet état de confufion qu'on a toujours dit avoir précédé la naiffance du Monde.

L'abfurde cahos n'a jamais exifté que dans la tête de ceux qui avoient oublié l'Antiquité. C'eft de là que font forties ces hiftoires frivoles & ridicules de tous ces combats divers, antérieurs à l'origine de toutes chofes, de la lumiere contre les ténebres, des Anges contre les Démons, du bon contre le mauvais Principe, de Lucifer contre Dieu, du Soleil contre la Lune, des Géans contre les Dieux, de Typhon contre Ofiris, & plufieurs autres de cette efpece. *

de Saturne, Planete fombre & taciturne, qui tranche tout & ne produit rien, dit l'Aftrologie.

* C'eft une chofe remarquable dans les Annales du Monde, recueillies par Sanchoniaton, dont Eufebe nous a confervé les précieux fragmens, que cet Auteur n'y parle en aucune façon du Déluge; ce qui lui a attiré bien des reproches de la part des Docteurs Chrétiens. Mais

Le nombre *sept* étant ainsi devenu un nombre plein de vertu & de myste- re, on respecta, non seulement le sep- tieme jour, mais encore la septieme semaine, le septieme mois, la septie- me année, la septieme semaine de mois & d'années. La fin du Monde fut toujours attendue après des Périodes Sabbatiques; les Manichéens, d'après une infinité d'anciens peuples, l'atten- doient le septieme jour de chaque se-

si l'on examine le détail qu'il nous donne de la Création, on y reconnoîtra aisément que ce ne sont les détails que d'une véritable révolution; & l'on peut faire la même remarque dans les Anecdotes de tous les prétendus ancêtres qu'il donne au Genre Humain : il ne parle pas du Dé- luge. L'Auteur des Annales Hébraïques, qui nous fait l'histoire d'une Création & d'un Dé- luge, a commis une faute bien plus grossiere : sa Création n'est que le Déluge, son Déluge n'est que sa Création; ces deux événemens ne sont réellement dans la Genese qu'un double emploi d'un seul & même fait, considéré sous deux points de vue différens; l'un naturel qu'il a pla- cé en second, & l'autre astrologique, systéma- tique, ou mystique, comme on voudra le nom- mer, qu'il a placé en premier. Cette remarque donne la solution des causes qui ont produit les différentes Chronologies des Hébreux & des Sa- maritains.

maine; les Mexicains, à la fin de chaque semaine de semaines d'années ; &
tous les Docteurs orientaux, à la fin
des semaines de centaines ou de milliers d'années. Enfin ce nombre, &
plusieurs autres encore, auxquels on
attribua des vertus semblables, devinrent, par le mêlange de toutes les idées
primitives, outrées & corrompues,
pour les uns, des termes divins & heureux, pour les autres, des termes redoutables & funestes, dont une multitude
de Rabbins, de Cabalistes, d'Astrologues, de Prophetes, & d'autres tê-
tes creuses & superstitieuses ont abusé
dans tous les temps avec la dernière
extravagance, & souvent aux dépens du
repos & du bonheur du Genre Humain.

A cette attente de la fin du Monde, qui, d'un dogme religieux devint un dogme plein de folie & de
superstition, nous avons dit que la
Religion joignoit primitivement ceux
qui concernoient la descente du Grand

Juge, & la vie future. Comme ces
trois dogmes étoient inséparables, les
erreurs provenues de l'abus qu'on en
fit furent aussi inséparables. Les révolutions périodiques des années, les
Météores, & tout ce que l'ignorante
Antiquité appelloit les signes du Ciel,
au lieu d'être, comme par le passé, les
annonces des instructions qu'on devoit
alors donner aux hommes, ne furent
plus que les annonces de l'arrivée de
Rois Conquérans, de Légiflateurs,
de Prophetes, & d'autres Personnages
Chimeriques, que l'on attendit au lieu
du Grand Juge, dont l'attente primitive fut corrompue & personifiée : ces
signes du Ciel ne furent plus les annonces du Jugement dernier & de la
vie future, mais du sort & des révolutions des Empires, & des grands
changemens politiques qui devoient arriver, disoit-on, parmi les Nations,
& même dans les familles.

Par-là, l'imagination des hommes,

toujours fixée fur les Aftres, donna
lieu à des révolutions civiles & religieufes fur la Terre, quand elle crut
en avoir apperçu d'aftronomiques dans
le Ciel; & l'impofture même en fup-
pofa dans le Ciel, quand il en arrivoit
de naturelles fur la Terre, ou lorfqu'elle vouloit y en faire naître afin d'en
profiter.

C'eft par ces fatales préventions que
l'efprit humain s'eft trouvé difpofé,
depuis une infinité de fiecles, à être la
dupe, le joüet, & la victime de tous
les fanatiques & de tous les impofteurs, qui ont eu l'adreffe de faire tomber fur eux les regards des Nations,
toujours remplies d'une efpérance va-
gue & d'une attente indéterminée.

Je n'oublierai point ici des inftitutions de la Religion primitive, dont
la connoiffance peut jetter un grand
jour fur une multitude d'ufages, la plupart obfcurs & corrompus, que l'Antiquité nous préfente dans fes fêtes, &

dans ses solemnités. Cette Religion
eut un soin particulier d'entretenir le
souvenir de la misere des premiers hommes, c'est-à-dire, de ceux qui avoient
été les témoins malheureux de la ruine
de l'Univers; dans cette intention elle
obligeoit en certains temps de mener
une vie errante, de ne se vêtir que de
peau, de ne manger que des fruits
sauvages, de demeurer dans des bois,
des bocages, & des cavernes.

C'est de là, en partie, qu'ont dû
venir les Orgyes & les Bacchanales du
Paganisme, & diverses fêtes des Hébreux, qui y avoient tant de rapport
pour l'extérieur. Mais tous les peuples avoient perdu de vue leurs anciens
& véritables motifs. On retrouve cependant encore quelques précieux restes de ces commémorations chez les
Payens. Il y avoit à Athenes & en
Syrie, comme on le voit dans Plutarque & dans Lucien, des fêtes funebres
qu'on y célébroit encore du temps de

Sylla, en mémoire de ceux qui étoient péris dans les déluges d'Ogyges & de Deucalion. Si on étudie la plupart des fêtes des Manes & des Lemures chez les Grecs & chez les Romains, on y retrouvera encore cet ancien motif, aussi-bien que dans plusieurs autres jeux ou spectacles funebres qui se représentoient par coutume & sans trop sçavoir pourquoi.

Les fêtes du Soleil, qui s'appelloient en Perse les *Mémoriaux*, * avoient sans doute la même origine. Les Japonois sçavent encore que toutes leurs fêtes n'étoient autrefois que des jours de deuil & de lamentations ; je soupçonne même que le culte des Ancêtres qui y est établi, aussi-bien qu'à la Chine & dans d'autres lieux de l'Asie, n'a point d'autre source. Les Lettrés de Tonquin, dit le Pere Tissannier dans la relation de cette contrée, adorent à tou-

---

* Voyez Selden, *Préface des Dieux de Syrie.*

tes les nouvelles Lunes les ames des
Ancêtres qui sont autrefois morts de
faim : rien sans doute ne justifie mieux
nos soupçons. Dans l'isle de Samothrace, il y avoit aussi du temps de Diodore de Sicile * des fêtes annuelles de ce
genre, que l'on y célébroit encore, en
allant sur toutes les hauteurs remercier
les Dieux de l'ancienne délivrance des
eaux du déluge ; & j'ai reconnu que le
culte idolâtre, qui a été rendu à tant
de montagnes, n'avoit été qu'une des
suites de la reconnoissance que les peuples avoient conservée pour les asiles
qui avoient sauvé les débris du Genre-
Humain.

Enfin la commémoration des révolutions de la Nature, soit par l'eau,
soit par le feu, a été l'intention originelle & l'objet primitif de toutes les
fêtes de l'Antiquité, quelles qu'elles
soient, & chez quel peuple que nous
jettions les yeux. En les considérant à

* *Liv. V.*

l'avenir fous ce point de vue, & en les comparant & les conciliant les unes a- vec les autres, elles n'auront plus pour nous de myftere & d'obfcurité ; elles nous dévoileront la véritable hiftoire du Monde, qui ne s'eft confervée que par-là. L'on fçaura, par exemple, à quels événemens doivent fe rapporter les commémorations que faifoient les Egyptiens des malheurs d'Ofiris ; cel- les que faifoient les Hébreux des mife- res qu'ils difoient avoir foufferté en E- gypte & dans les déferts. On ne fera point embarraffé de fçavoir de quel fait & de quel temps il faut rapprocher la vie frugale qu'obfervent en de certains temps les Japonois, qui ne mangent, en mémoire de leurs Ancêtres, que des coquillages ; & l'on apprendra pourquoi leurs fpectacles & leurs théâtres ne re- préfentent alors que des cabanes & des chaumieres miférables. Alors on ramé- nera avec facilité tous ces ufages à la même fource d'où les Egyptiens, les

Grecs, les Siciliens, les Romains a-
voient tiré certaines fêtes de Bacchus &
de Ceres, où ils repréſentoient l'ancienne façon de vivre de leurs peres, lorſqu'ils menoient, diſoient-ils, une vie
errante & ſauvage. Il en ſera de même
de nos uſages d'Europe, ſoit religieux,
ſoit populaires ; ce grand & nouveau
point de vue les éclaircira tous un jour,
& fera tomber l'illuſion par laquelle le
menſonge & l'ignorance nous en ont
caché depuis tant de ſiecles les vrais
principes & la véritable origine.

Je ne finirois point, ſi à l'occaſion
de ces inſtitutions primitives j'entre-
prenois de détailler tous les maux &
toutes les différentes erreurs qu'a produit l'abus général & univerſel qu'on
en a fait, quoique toutes les inſtitutions & les dogmes qui en étoient les principes fuſſent raiſonnables & ſages, &
ſi propres par eux - mêmes à faire le
bonheur des ſociétés, en y maintenant
l'ordre & la police d'où ce bonheur

dépend. L'énumération de ces erreurs demanderoit un vaste champ, & elle contiendroit, d'ailleurs, une multitude d'autres objets qui n'auroient plus de rapport au notre.

Je n'ai insisté ici que sur les erreurs capitales qui font aujourd'hui comme la base de toutes les Religions du Monde; j'ai cru le devoir faire, tant parce que les systêmes politiques que nous voulons étudier en font dérivés, & y font encore étroitement liés, que parce que l'homme superstitieux & l'homme esclave font enchaînés par les mêmes entraves, & par les mêmes préjugés.

SECTION VII.

Principes des premieres Institutions Civiles & Politiques. Les hommes prennent le Gouvernement Théocratique.

LEs restes infortunés des Nations détruites furent quelque temps sans doute après le retour de la sérénité & de l'harmonie à ne former que des familles pénétrées de la crainte des Jugemens de Dieu, & toutes occupées du soin de remédier à leurs maux & de pourvoir à leur subsistance. Il n'y eut vraisemblablement alors parmi elles d'autre autorité que celle des peres qui rassembloient leurs enfans ; il n'y eut d'autre Loi que la raison ; & les besoins communs, qui étant, dans de pareilles circonstances, les mêmes que les besoins des particuliers , ne pouvoient être méconnus ni négligés.

Ce n'est point dans ces premiers momens qu'il faut chercher ces divers Gouvernemens politiques qu'on a vu par la suite sur la Terre; ils n'ont pu commencer à y paroître que lorsque les familles primitives s'étant de plus en plus rapprochées & multipliées, formerent des sociétés nombreuses, auxquelles il fallut nécessairement un lien plus fort & plus frappant que dans les

familles, qui pût maintenir l'unité dont
on connoissoit tout le prix, & entretenir cet esprit de Religion, d'œconomie, d'industrie & de paix, qui seul
pouvoit réparer les maux infinis qu'a-
voit soufferts la Nature Humaine. On
fit alors des Loix civiles œconomiques
& domestiques, pour inspirer la frugalité, pour animer au travail, pour en-
courager les inventeurs, & pour hâter
sur-tout les progrès de l'agriculture. On
régla la nature des devoirs & des secours qu'on se devoit réciproquement,
afin de prévenir les querelles, ou d'accorder celles qui pourroient naître; on
indiqua les temps du travail & du repos; on donna une forme authentique
aux mariages; on prescrivit sur-tout un
plan invariable pour l'éducation & pour
les mœurs; on mit un ordre régulier
dans le culte extérieur, qui devoit sans
cesse rappeller l'homme à la Divinité:
enfin, on mit le sceau de l'approbation
publique à tous les usages & à tous les
éta-

établissemens qui pouvoient intéresser
la société, & vraisemblablement on
décerna des peines contre ceux qui man-
queroient à ces engagemens généraux
& solemnels.

Ces divers réglemens furent dans les
commencemens aussi simples que l'esprit qui les dicta, quoiqu'ils n'eussent
point encore cette étendue qu'ont eue
par la suite les Codes & les Législations de tous les peuples, ils n'en devoient être que plus sages, & tendoient
plus directement au vrai bien du Genre-Humain. Il ne fallut point, pour en
faire le projet, recourir à des Philosophes sublimes ni à des politiques profonds ; la raison, la nécessité, & des
besoins réels furent les seuls Législateurs
qui les dicterent. Quand on en rassem-
bla toutes les parties, on ne fit qu'é-
crire ou graver sur le bois & sur la
pierre ce qui avoit été fait jusqu'à ces
temps heureux, où la raison des particuliers n'étant point encore différente

F

de la raison publique, avoit été la seule & l'unique Loi.

Pour le maintien de ces instructions, qui devoient faire le bonheur général, comme elles avoient fait le bonheur particulier des familles , lorsqu'elles n'étoient encore que des Loix domestiques, on s'en rapporta , d'un consentement unanime, aux Anciens réunis & aux Chefs de ces mêmes familles, qui tous devoient être les plus intéressés à veiller à la félicité & au repos d'une société qui les touchoit de si près. Ce n'est point qu'ils fussent regardés dès - lors comme les Rois & les Maîtres Souverains des Sociétés, mais c'est que leur expérience, leur sagesse, leur âge, & leur nom de peres, leur attiroit de la part de tous un profond respect & une vénération naturelle. Ils furent donc choisis pour être les Ministres & les Surveillans de la Société, & non les Arbitres indépendans.

L'homme sçavoit alors qu'il y avoit

une Loi, une Raison publique, vis-à-vis de laquelle ceux mêmes qui en font les Miniftres ne font rien de plus dans l'Etat que le dernier des citoyens. Connoiffant donc fes privileges à titre d'être raisonnable & libre, l'homme en fe prescrivant des Loix civiles, n'eut jamais l'intention de fe mettre dans les chaînes de quelques-uns de fes femblables ; & quoiqu'il fe captivât volontairement par les Loix, pour fe rendre dépendant de la fociété où il trouvoit fa fubfiftance & fon bonheur, il ne voulut en même temps reconnoître au-deffus d'elle d'autre Roi & d'autre Monarque que Dieu feul; ce fut donc uniquement à lui qu'il foumit fa Légiflation nouvelle; & qu'il fe foumit lui-même.

Mais avant d'entrer dans l'hiftorique de cette finguliere anecdote de l'hiftoire politique des premiers hommes, retournons un moment fur nos pas.

Je n'ai point cru devoir donner le dé-

tail de toutes les Loix domestiques, é-
conomiques & civiles qui formerent le
premier Code des hommes réunis en
société ; toute l'antiquité nous en in-
struit ; elle parle ici pour moi, & l'histoire de tous les anciens peuples, E-
gyptiens, Chinois, Indiens, Perses,
Crétois, Etrusques, &c. nous doit
faire juger combien les premieres sociétés furent parfaites du côté des
mœurs, de la discipline, & de la police. Nous pouvons même penser que
ce que nous en sçavons est encore infiniment au-dessous de ce qui a été. En
effet les premiers temps connus de l'histoire de ces peuples, ne sont point réelle-
lement leurs premiers temps. La plupart de ces Nations n'ont été fréquen-
tées des autres, que lorsque la Loi qui
leur interdisoit le commerce extérieur
s'est négligée ; cette loi dont la sévéri-
té a dû être long-temps en vigueur, in-
dique pour le temps même de son éta-
blissement une grande population, qui

avoit produit divers événemens confidérables, & des diffenfions fi oppofées à l'ancienne union, qu'elles donnerent lieu à cette Loi qu'on fut forcé de faire, quoiqu'elle fût elle-même contraire à la Légiflation primitive, fi remplie d'humanité.

Nous ne devons donc regarder ces anciens détails qui font parvenus jufqu'à nous fur les anciens Gouvernemens, que comme des veftiges & des traces de ce qu'ils avoient été dans une autre antiquité que nous ne connoiffons pas; mais ce qui eft bien capable de nous la faire connoître, & de parler en fa faveur, c'eft que ce font les feules traces qui en reftent qui excitent encore notre admiration & notre furprife.

Ce que les Grecs ont écrit de la police Egyptienne lorfqu'ils la connurent, pafferoit prefque pour une fable, auffi-bien que l'éducation des anciens Perfes, fi l'état préfent de la Chine n'é-toit une preuve vifible & inconteftable

que de pareils Gouvernemens ont exifté. L'Egypte ne fut pas plutôt accef-
fible aux Nations voifines, qui depuis
long-temps avoient déja tout-à-fait corrompu leur Légiflation originelle, qu'elles s'enrichirent toutes de ce qui en ref-
toit à ce peuple privilégié ; par reconnoiffance elles lui donnerent d'une voix
unanime le nom de *Sage* ; nom qu'il
méritoit fans doute, puifque fes plus
cruels ennemis * ne purent le lui refufer.

Ce qui doit être fur-tout confidéré
dans ces premieres démarches du Genre-Humain, c'eft qu'elles étoient toutes dictées par la raifon ; ce fut elle, a-
lors, qui devint la richeffe & le tréfor
de l'homme dépourvu de tout. Pour
fe tirer de l'abîme de mifere où il fe
voyoit plongé, il fe fervit de toutes fes
facultés fpirituelles, & rappellé à lui-
même par fes malheurs, il fe comporta
en créature raifonnable & intelligente ;

* Moffe fut inftruit dans toute la fageffe E-
gyptienne.

ce qui fit son bonheur & sa gloire.

Voila quelle a été la conduite de l'homme dans ces premiers temps, & celle qu'il eût toujours tenue par la suite, s'il n'eût point perdu de vue son ancien mobile & son guide naturel, je veux dire, ses vrais besoins & sa raison. Tout ce qui va suivre ne nous exposera plus que ses écarts & ses changemens; &, comme pour les rendre instructifs, il nous importera d'en chercher toujours les principes, nous pouvons dès à présent en faire déja remarquer un.

Quoique les premieres Loix écrites que firent les hommes ne fussent que le tableau de leur conduite primitive, & le précieux recueil de tous les moyens dont ils s'étoient servis jusqu'alors pour rétablir la Société & pour se rendre heureux, ces Loix mêmes donnerent lieu au premier changement qui se fit dans l'esprit humain. On commença dès-lors à négliger l'usage de la raison; ce fut ces Loix que l'on con-

fulta pour agir ; ce fut fur elles que
l'on fe repofa ; & la jufte confiance
qu'on avoit en elles n'exigeant plus de
l'homme qu'il employât le reffort in-
térieur pour régler fa conduite & toutes fes démarches, comme par le paffé, ce reffort s'affoiblit peu à peu, &
à la fin il en perdit prefqu'entiérement
l'ufage.

Il eft vrai que ces Loix étoient excel-
lentes, & que l'homme ne pouvoit
qu'être heureux & fage en les fuivant
à la lettre ; mais quelles font les Loix
qui ne dégénerent point infenfiblement, fur-tout quand le refpect exceffif
qu'on a pour elles ne permet point de
les confronter de temps en temps avec
la Loi primitive, qui eft gravée dans
tous les cœurs d'une façon bien plus
inaltérable que fur la pierre, & que
l'on y trouve toujours quand on veut
rentrer en foi-même ?

Ces Loix admirables fe corrompirent donc & fe dénaturerent, parce

qu'on négligea de les conserver pures, & de les redresser quand elles commencerent à s'écarter du bien public, de la raison & du bon sens.

Prévenus à présent de cette source de toutes les erreurs, il nous est facile de pressentir & de nous assûrer d'avance d'un seul coup d'œil quelle va être la marche du Genre-Humain. Après s'être conduit selon les lumiéres de sa raison, il s'abandonnera avec un respect sans bornes à la conduite des Loix; il cessera de penser par lui-même; ces Loix s'altéreront sans qu'il s'en apperçoive, & il ne se conduira plus que par les usages & par les coutumes: celles-ci devenant obscures, on se remplira de préjugés, de fausses traditions, & d'opinions folles & superstitieuses, qui deviendront à la fin la base & la regle de la conduite générale de toutes les Nations. Ce sont les degrès par où nous les verrons toutes successivement passer depuis le renouvellement des So-

ciétés jufqu'aujourdhui ; nous les ve-
rons toujours s'oublier de plus en plus ,
& nous remarquerons qu'elles fe ren-
dront malheureufes à mefure qu'elles
s'éloigneront de leur raifon , & qu'elles parviendront à ce point funefte de
ne la plus regarder comme le premier
flambeau qui doit éclairer les Loix , les
coutumes , les ufages , les opinions , &
la Religion elle-même.

Nous avons laiffé l'homme fur le
point de mettre le dernier fceau à fa Légiflation , & prêt à en repréfenter le
fiége & l'unité , en fe donnant Dieu
même pour Souverain. Divers fentimens que la raifon lui dictoit, plufieurs
impreffions religieufes dont il étoit vivement pénétré , & plus encore le
crédit & le poids d'une certaine fuperftition qui fut particuliere à ces premiers âges, concoururent à lui infpi-
rer un choix & un deffein auffi extraordinaire. Ses befoins lui ayant fait connoître de bonne heure qu'il n'étoit

point un être qui pût vivre isolé sur la Terre, il s'étoit réuni à ses semblables, préférant, comme nous avons vu, les avantages d'un engagement nécessaire & raisonnable à sa liberté naturelle.

L'agrandissement de la Société ayant ensuite demandé que le contract tacite que chaque particulier, en s'y incorporant, avoit fait avec elle, eût une forme plus solemnelle & qu'il devint authentique & irréfragable, afin que l'ordre & l'harmonie pussent y subsister & y régner comme auparavant, l'homme y consentit encore. Les premiers ressorts n'étoient point changés par cette précaution nouvelle: elle n'avoit pour objet que de les fortifier en raison de la grandeur & de l'étendue du corps qu'ils avoient à faire mouvoir.

On renouvella donc en faveur de la Société le sacrifice déja commencé de cette liberté & de cette égalité naturelle, dont nous avons tous le senti-

ment; on reconnut des Supérieurs &
des Magiftrats; on fe foumit à une fu-
bordination civile & politique : bien
plus : on chercha un Souverain, parce
qu'on reconnut dès-lors qu'une grande
Société fans Chef & fans Roi étoit un
corps fans tête, & même un monftre,
dont les membres mis en mouvement
ne pouvoient produire rien de raifonné
ni d'harmonique.

Pour s'appercevoir de cette grande
vérité, l'homme n'eut befoin que de
jetter un coup d'œil fur la Société qui
s'étoit déja formée. Nous ne pouvons
nous empêcher, en voyant une affem-
blée, d'en chercher le Premier & le
Chef : c'eft un fentiment involontaire
& vraiment naturel, qui eft une fuite
de l'attrait fecret qu'ont pour nous la
fimplicité & l'unité, qui font les ca-
racteres de l'ordre & de la vérité : c'eft
une infpiration précieufe de notre raifon, par laquelle, quelque penchant que
nous ayons vers l'indépendance, nous

fçavons nous foumettre pour notre bien être & pour l'amour de l'ordre.

Loin que le fpectacle de celui qui préfide fur une Société puiffe par lui-même caufer aucun déplaifir à ceux qui la compofent, la raifon ne peut le voir fans un retour agréable & flatteur, parce que c'eft la Société, & nous-mêmes qui en faifons partie, que nous confidérons dans ce Chef, dans cet Oracle permanent de la raifon publique, dont il eft le miroir, l'image & l'augufte repréfentation.

La premiere Société qui fut réglée & policée par les Loix, ne put, fans doute, fe contempler elle-même, fans s'admirer. L'idée de fe donner un Roi, a donc été une des premieres idées de l'homme raifonnable & fociable. Le fpectacle de l'Univers vint encore feconder la voix de la raifon; l'homme s'en occupoit alors fans ceffe, & ad-miroit ce merveilleux concert. Com-me l'immutabilité du Ciel & la félicité de la Terre dépendoient de l'accord perpétuel de tous les divers mouvemens des Aftres, il les examinoit perpétuellement ; tantôt il portoit fes yeux vers le Soleil ; tantôt il confidéroit la Lune & cette immenfe multitude d'étoiles dont le Firmament eft peuplé ; mais remarquant fur-tout cet Aftre unique & éclatant qui femble commander à toute l'armée des Cieux, & s'en faire obéir, il crut voir l'image d'un bon gouvernement, & y reconnoître le modele & le plan que devoit fuivre la Société fur la Terre, pour fe rendre heureufe & immuable, par un femblable concert.

La Religion, enfin, appuya tous ces motifs, déja très-puiffans par eux-mêmes ; l'homme ne voyoit dans toute la Nature qu'un Soleil ; il ne connoiffoit dans tout l'Univers qu'un Dieu. Il vit donc par là qu'il manquoit encore quelque chofe à fa Légiflation, que fa Société n'étoit point parfaite ;

en un mot qu'il lui falloit un Roi, qui fût le Chef & le pere de cette grande famille, & qui la conduisît & la réglât comme le Soleil regle toute la Nature, & comme un Dieu conduit & gouverne l'Univers.

Ce furent-là les avis, les conseils, & les exemples que la raison, le spectacle du Ciel, & la Religion, alors d'accord ensemble, donnerent unanimement à l'homme dès ces premiers temps ; mais il les éluda, plutôt qu'il ne les suivit ; soit qu'il s'imaginât réellement qu'un mortel n'étoit pas capable de représenter Dieu sur la Terre, (ce qui est vrai en un sens) soit qu'il craignît de perdre tout-à-fait sa liberté, en ne songeant pas qu'il y avoit cependant des moyens légitimes d'accorder sa sûreté avec celle du Trône, soit enfin que la superstition l'emportât ; au lieu de se choisir un Roi parmi ses semblables, avec lequel la Société auroit fait le même contract que chaque

particulier avoit fait antérieurement a-
vec elle, l'homme proclama l'Etre suprême; il ne voulut point qu'il y eût
sur la Terre, comme dans le Ciel, d'autre Maître, ni d'autre Monarque.

Je ne doute point qu'on ne soit
tenté de croire que l'amour de l'indépendance a été le premier mobile de
cette conduite, & que l'homme en
refusant de se donner un Roi visible,
pour en reconnoître un qu'il ne pouvoit voir, n'ait eu un dessein tacite de
n'en admettre aucun; mais par un tel
soupçon on rendroit bien peu de justice à l'homme en général, & en particulier à l'homme échapé de la ruine
du Monde. Jamais il n'a été plus raisonnable qu'alors sur tout ce qui concerne l'ordre public; jamais il n'a été
plus porté à faire le sacrifice de sa liberté. Si en se donnant un Roi il fit
une si singuliere application des lumieres qu'il recevoit de sa raison & de la
Nature entiere, c'est qu'il n'avoit point
épuré

épuré sa Religion, comme sa police civile & domestique; il ne l'avoit point purgée de la superstition, cette fille de la crainte & de la terreur, qui absorbe la Religion, & qui, prenant sa place & sa figure, l'anéantit elle-même. L'homme alors en fut cruellement la dupe; elle seule présida à l'élection d'un Dieu Monarque; ce fut là la premiere époque des maux du Genre-Humain.

Je ne puis mieux faire connoître de quel genre fut la superstition dont les premiers hommes furent affectés, qu'en rappellant ici certaines opinions qui eurent cours au commencement de notre Ere vulgaire, lorsqu'on vit naître le Christianisme. Cette Religion, que suivent aujourdhui tous les peuples de l'Europe, dut sa premiere existence à une folie ancienne & périodique, qui procédoit de la corruption des dogmes primitifs dont nous avons parlé, sur la venue du Grand Juge, la fin du Monde & la vie future,

G

Je dis que cette folie étoit périodique, parce que les peuples avoient presque toujours appliqué l'accomplissement de ces dogmes à la fin des Périodes, & qu'aux temps dont nous parlons, certaines traditions obscures, qui donnoient six mille ans à la durée du Monde, depuis sa création, firent penser que, puisque l'on entroit dans le septieme milliaire de son existence, la grande semaine * devoit être sur le point de s'accomplir, & que ce dernier milliaire alloit faire paroître le grand *Sabbath d'Israël*, le temps du triomphe & du repos des justes. Frap-

---

* On voit, par l'histoire de la primitive Eglise, que cette Chronologie, qui donnoit six mille ans à la durée du Monde, étoit alors en vogue, & que l'attente du Messie étoit tellement reglée par ce Période, que les Chrétiens cherchoient à convaincre les Juifs par leurs propres annales & leurs traditions. L'Occident n'étoit pas moins préparé à cette folie que l'Orient. Plutarque, dans les vies de Marius & de Sylla, dit, que vers l'an 82. avant l'Ere vulgaire, les Devins de la Toscane avoient déja annoncé la fin de la grande année, & l'approche du grand renouvellement du Monde.

pé & prévenu de cette attente chimérique, un peuple plus superstitieux que les autres, déja répandu dans tout l'Empire Romain, s'imagina qu'un homme, qui se fit alors remarquer par une vie singuliere, étoit le Grand Juge, & le personnage annoncé depuis si longtemps par les Oracles, par les Prophéties, & par les Sibylles. *

Le mauvaise application que l'on fit, par cette extravagante idée, du dogme qui concernoit le véritable Grand Juge, ne manqua pas de réveiller & de ramener les erreurs correspondantes, qui avoient rapport aux deux autres dogmes, & qui, comme nous avons déja dit, étoient inséparables du premier. La fin du Monde parut donc prochaine. Les Nations furent saisies

---

* Personne n'ignore combien de fois J. C. dans les Evangiles parle de la fin du Monde. St. Paul voulut de même parler du Jugement dernier devant l'Aréopage & devant Félix Préfet des Romains ; mais ils se moquerent de lui, & lui tournerent le dos. *Act. des Ap. chap.* 17. & 24.

de la crainte du Jugement dernier. Un
horrible fanatiſme ſe répandit par toute
la Terre.   On annonça le regne de la
juſtice ; & pour prêcher la pénitence
& l'abandon des choſes d'ici-bas, quelques-uns s'imaginerent réellement que
le Royaume de Dieu étoit arrivé ; mais
comme une multitude de circonſtances
ne prouvoient que trop le contraire,
d'autres s'imaginerent que le prétendu
Dieu, qui n'avoit fait que ſe montrer,
reviendroit inceſſamment, & qu'il regneroit mille ans ſur la Terre, pour
faire la félicité des juſtes, & pour les
faire jouir de toutes ſortes de délices.

Cette derniere opinion, qui fut celle de ceux qu'on appella *Millénaires*,
ayant été détruite par le temps & par
l'événement, (après avoir néanmoins
produit encore dans d'autres ſiecles d'ignorance des folies * ſemblables) les

* Je veux parler ici des terreurs du onziéme
ſiecle, qui ne furent qu'une ſuite des anciennes.
On ſçait quelles folies furent la honte de l'Europe, & le triomphe des Moines.

Apocalyptiques se dégouterent enfin
de calculer : on perdit de vue le regne
merveilleux ; l'homme, devenu plus
sage, en remit l'événement à la fin des
temps, sans oser les prescrire ; mais il
ne fut pas moins la dupe du passé ; &
quoiqu'il ait depuis cherché à plâtrer
de son mieux (qu'on me permette le
terme) les fondemens ruineux de la Religion Chrétienne que ces chimeres &
ces extravagances avoient fait embras-
ser à ses peres, il resta dans l'idolatrie
ridicule & mystique qu'il en avoit reçue, & il y est encore. *

* Les premiers événemens du Christianisme
ont toujours été palliés & déguisés, & ce n'est
pas un petit ouvrage que de les montrer sous
leur véritable aspect ; d'autant plus que l'Eglise
a supprimé tout ce qui ne lui étoit point favorable, & qu'elle a mieux aimé jetter sur les
premiers temps une épaisse obscurité, que de
conserver une lumiére qui ne lui pourroit
être que très-désavantageuse. Néanmoins les
Historiens profanes qui nous restent, & quelques écrits des Philosophes de ces temps,
peuvent beaucoup servir à jetter quelques rayons
sur ces temps par des anecdotes détachées, mais
très importantes. Tacite, Suétone, Porphyre,

Cette légere esquisse du grand tableau qui nous représentera un jour les sources fameuses du Christianisme, est aussi l'esquisse des erreurs des premiers hommes. Ce fut de leur temps, & à l'occasion des malheurs du Monde, que toutes ces bizarres opinions s'emparerent de l'esprit humain, & qu'elles y produisirent une multitude de Préjugés monstrueux, dont il fut toujours la victime.

Si ces Préjugés ont paru nouveaux dans le premier siecle de notre Ere

Lucien dans son Philopater, peuvent être d'un grand secours. Il faut aussi étudier quel étoit l'esprit des persécutions que l'on fit éprouver dans ces premiers siecles aux Philosophes, aux Mathématiciens, aux Astrologues, aux Juifs, & aux Chrétiens, & rapprocher tous ces détails de la doctrine des premiers Peres de l'Eglise sur la fin du Monde, qui étoit leur dogme favori, comme on peut le voir dans leurs ouvrages, & dans les opinions recueillies dans le premier volume du *Traité Historique & Polémique sur la fin du Monde, & la venue d'Elie*, publié à Rotterdam en 1737. Enfin il faut joindre à ces recherches une étude très-philosophique des Livres du Nouveau Testament, sur-tout des Evangiles & de l'Apocalypse.

vulgaire, c'est qu'ayant été comme absorbés, depuis un long espace de temps, sous l'amas énorme des erreurs mêmes qu'ils avoient engendrées, une terreur panique toute semblable à l'ancienne, les ranima, rendit à la superstition sa premiere face, & ramena l'homme au même point d'où il étoit primitivement parti, quoiqu'il en eût perdu le souvenir.

S'il y avoit ici quelque apologie à faire pour ceux qui se sont laissés tromper par ces ridicules chimeres, ce ne pourroit être, sans doute, qu'en faveur des anciens témoins des révolutions de la Terre, qui furent étourdis & épouvantés par des catastrophes aussi terribles que réelles ; au lieu qu'à la seconde époque, la superstition n'eut d'autre principe & d'autre base que de faux calculs, & que de misérables oracles, que l'État même de la Nature contredisoit & convainquoit de mensonge & d'imposture.

Ce fut cette Nature elle-même, & tout l'Univers, qui féduifirent l'homme autrefois. Auroit-il pu s'empêcher, à l'afpect de tous les formidables phénomenes d'une deftruction univerfelle, ne pas fe rappeller alors des dogmes facrés & refpectables en eux-mêmes, dont il eft vrai qu'il ne voyoit pas encore la fin précife, mais dont il ne pouvoit méconnoître tous les fignes & toutes les approches? Ses yeux & fa raifon fembloient l'en avertir à châque inftant, & juftifier fes terreurs; fes maux & fes miferes étoient à leur comble, & ne lui laiffoient pas la force d'en douter; les confolations de la Religion paroiffoient être fon feul efpoir; il s'y livra donc fans réferve; il attendit avec réfignation le jour fatal; il s'y prépara, il le défira même; tant étoit déplorable fon état fur la Terre!

L'arrivée du Grand Juge, & le regne de la vie future, devinrent ainfi, dans toutes ces triftes circonftances,

les feuls points de vue que l'homme confidéroit avec une avidité religieufe &
paffionnée, comme le terme de tous
fes malheurs. Il s'en entretint perpétuellement, tant que durerent les défordres & les fermentations de fon
féjour; & ces dogmes y jetterent de fi
profondes racines, que la Nature, qui
ne fe rétablit fans doute que par degrés
& peu à peu, l'étoit enfin tout-à-fait,
lorfque l'homme l'attendoit encore.

Telles étoient les difpofitions religieufes du Genre-Humain, lorfque les
fociétés, déja multipliées & réunies,
travailloient à donner une forme réglée
à leur adminiftration civile, & fon-
geoient à l'élection d'un Roi.

Préoccupées du Ciel, elles oublierent
dans cet inftant qu'elles étoient encore
fur la Terre; au lieu de donner à leur
Gouvernement un lien naturel, elles en
chercherent un furnaturel; & pour ne
point perdre de vue le Royaume Célefte, où elles afpiroient fans ceffe, el-

les s'imaginerent pouvoir le représenter
ici-bas ; en ne reconnoissant d'autre
Monarque que Dieu même, elles croyoient, sans doute, par cette sublime
spéculation, prévenir leur gloire & leur
bonheur, jouir du Ciel sur la Terre,
& anticiper sur le trop lent avenir,
que la Religion leur peignoit si souvent
& avec de si belles couleurs. Leur spéculation fut néanmoins la source de
tous leurs maux & de toutes leurs erreurs. Les hommes voulurent, en
conséquence de leur choix, appliquer
les principes du regne d'en-haut au
regne d'ici-bas, & la plupart de ces
principes se trouverent faux, parce
qu'ils étoient déplacés : ce Gouvernement n'étoit qu'une fiction, qu'il fallut nécessairement soutenir par une
multitude de suppositions ; & ces suppositions furent, avec le temps, pri-
ses pour des vérités, d'où resulterent
une foule de Préjugés religieux & politiques, qui précipiterent dans des a-

bîmes affreux la Religion & la Police primitive.

C'eſt ainſi que les Nations, après avoir puiſé dans le bon ſens & dans la Nature Leurs loix domeſtiques, œconomiques & civiles, les ſoumirent toutes à une chimere qu'elles appellerent le regne de Dieu, & que nous avons appellé *Théocratie.* *

Je ne ſuis point entré dans le détail de toutes les variétés qu'ont eu entr'elles toutes les opinions ſuperſtitieuſes de ces premiers âges, au ſujet du regne du Grand Juge. Comme la ſuperſtition n'a jamais des principes uniformes, il dut s'élever alors différentes ſectes, & différens ſyſtêmes religieux, entre leſquels il en eſt un, que je crois ne devoir point omettre.

L'opinion que nous venons de détailler ne regardoit point le Grand Juge

---

* Ce mot ſignifie la même choſe, ſi on le dérive ſoit de l'Hébreu, ſoit du Grec, *la Ville, la Cité de Dieu.*

comme arrivé, mais ſon regne parois-
ſoit ſi prochain, que pour s'en rendre
digne on croyoit que la ſociété devoit
ſe comporter d'avance comme s'il étoit
prêt à paroître. Cette façon de penſer
étoit aſſez raiſonnable, & il n'en ſeroit
réſulté rien que d'avantageux au Genre-Humain, ſi l'on ne s'y fût livré qu'a-
vec réſerve, & avec un zele prudent
& modéré: mais il y eut encore une
autre opinion, infiniment abſurde &
mal-raiſonnée, dont les ſuites furent
cruelles & funeſtes, ce fut de regarder
l'avénement & le regne du Grand Juge,
comme réellement arrivé. On penſe que
ſa deſcente ici-bas s'étoit faite d'une
façon inviſible, mais que la ruine du
Monde en avoit été la ſuite évidente,
& en étoit la preuve manifeſte. Les
maux qu'on avoit ſoufferts, & les grands
changemens qu'on avoit vus dans toute
la Nature, furent pris pour les actes
de ſa vengeance & de ſes jugemens; &
comme la plus grande partie du Genre-

Humain étoit alors périe, & qu'un très-
petit nombre d'hommes avoit été confervé, il ne fut que trop naturel à ceux
qui donnerent dans cette opinion, d'en
conclure que tous ceux que le Grand
Juge avoit exterminés, n'avoient pas
été trouvés dignes d'habiter fur la Terre qu'il avoit renouvellée, & que ceux
qui avoient eu le bonheur de furvivre
à fes jugemens formidables, avoient
été des élus & des juftes, qui avoient
trouvé grace devant lui.

En conféquence de ces fauffes idées,
on fit une application abfurde de tous
ces dogmes; on confondit le Monde
renouvellé avec la vie future, c'eft-à-
dire, la Terre avec le Ciel; on s'imagina entrer dans l'âge de la félicité;
on fe regarda comme cette portion de
créatures choifies, auxquelles la terre
des juftes avoit été promife & donnée,
& fur lefquelles Dieu feul à l'avenir
alloit immédiatement regner & préfider.

Les fectateurs de ce fyftême, quoique d'accord en quelques points avec ceux de l'opinion précédente, formerent une espece d'hommes particuliere qui se crurent plus proches que les autres de la Divinité, & qui chercherent toujours à se distinguer par une vie moins humaine ou plus mystique. On y trouvera peut être un jour l'origine primitive des Ordres Religieux, que le Paganisme, le Sabéanisme, & le Judaïsme connoissoient long-temps avant le Christianisme, qui n'a fait que les imiter. Une telle recherche nous écarteroit trop de notre sujet. Je ferai simplement remarquer que les opinions de cette secte ont été la base œconomique & politique de plusieurs Nations très-anciennes, qui se conduisoient moins comme une Société civile, que comme une Société toute religieuse. Cela rendit ces Nations le fléau de toutes les autres; car comme elles confondoient ce Monde renouvellé, avec le regne de la vie future promis aux jus-

tes , elles eurent l'efprit de conquête ,
ou une efpérance ambitieufe & turbu-
lente de poféder un jour la Monarchie
univerfelle à titre d'héritage. C'eft par
une fuite de cette fatale méprife que
les charnels Hébreux exterminerent les
Cananéens , pour s'emparer de leur
pays comme d'une Terre promife par
le Dieu de leurs Ancêtres. C'eft de même dans cette fource qu'il faudra chercher ces prétendus Oracles , & toutes
ces obfcures promeffes des Dieux, à
l'abri defquelles les Romains pleins de
hardieffe & de confiance marcherent
toujours , d'un pas ferme & fûr , à
l'Empire du Monde.

SECTION VIII.

Le souvenir des anciennes Théocraties est absorbé par le temps; les fables seules en conservent quelques vestiges.

POur trouver dans l'Antiquité le Gouvernement Théocratique, auquel toutes les premieres Sociétés se soumirent, je ne dissimulerai point que l'histoire nous manque, & qu'elle ne peut ni ne pourra jamais nous en fournir de preuves directes, & encore moins des exemples. Les temps où les Théocraties ont eu lieu sur la Terre sont si reculés dans la nuit des siecles, qu'il n'en étoit resté dans l'antiquité même qu'un souvenir très-obscur; les Monarques & les Docteurs des hommes avoient intérêt de l'éteindre tout-à-fait; ensorte que les foibles vestiges qui en sont restés, ont été par la suite absorbés par la fable, & confondus avec une multitu-

de

de d'allégories obscures, & de traditions ridicules, que l'Histoire a toujours
méprisées, & qui ne sont plus aujourdhui que du domaine de la Mythologie
qui nous les a transmises.

C'est donc dans ce fond ténébreux
que je vais être réduit à chercher les
traces & les empreintes de la Théocratie primitive ; ce ne sera point, à la
vérité, le moyen d'autoriser ces recherches aux yeux du plus grand nombre, qui dédaigne les temps mythologiques, ou qui ne les connoit pas ; elles ne plairont qu'à un très-petit nombre d'hommes privilégiés, dont le génie, soutenu de connoissances, est seul
capable de saisir l'ensemble de toutes
les erreurs humaines, d'appercevoir la
preuve d'un fait historique ignoré, dans
le crédit d'une erreur universelle, & de
remonter de cette erreur à la vérité ou
à l'événement qui l'a fait naître, par
la combinaison réfléchie de tous les différens aspects de cette même erreur.

H

Ce ton d'univerfalité & d'uniformité qu'ont affecté certaines opinions dans tous les temps & dans tous les climats, qui femble déceler aux yeux d'un efprit raifonnable un principe folide & certain, & non les effets capricieux & bizarres de l'imagination des Poëtes & des autres écrivains de l'antiquité, fait finguliérement en faveur du fujet que je traite, & fe trouve dans les traditions conftantes des plus anciennes Nations du Monde, lorfqu'elles parlent du regne des Dieux fur la Terre, qui a précédé le regne des demi-Dieux, & celui des Rois dont elles ont diftingué prefque toutes les trois époques fucceffives. Sans rappeller ici les Egyptiens, les Phéniciens, les Chaldéens, les Grecs & l'ancienne Italie, dont les Théocraties mythologiques ont rebuté tous nos Chronologiftes, les Indiens, les Japonois, & jufqu'aux Américains mêmes, avoient auffi confervé le fouvenir d'un temps où leurs pays avoient été hono-

rés de la résidence des Dieux, qui é-
toient descendus sur la Terre pour y
faire le bonheur des hommes, pour les
civiliser & leur donner des Loix. La
durée fabuleuse de ces regnes est presque toujours réglée par de grands Périodes, & par des nombres Astronomiques. Les motifs particuliers de la
descente de ces Dieux, sont, chez tous
les peuples, les misères & les calamités du Monde. L'un est venu, disent
les Indiens, * pour soutenir la Terre
ébranlée, qui s'enfonçoit sous les eaux;
un autre est venu secourir le Soleil, auquel un grand Dragon faisoit la guerre;
celui-ci est descendu pour combattre
des monstres & des géans qui désoloient
le Genre-Humain; & celui-là, pour exterminer des Nations perverses.

Je ne rappellerai point toutes les
guerres & les victoires des Dieux,
Grecs & Egyptiens, sur les Typhons,

* *Cérem. Relig. Tom. VI.*

les Pythons, les Titans, & les Géans ; elles font trop connues, & l'on fçait que toutes les grandes folemnités du Paganifme en célébroient la mémoire.

Vers tel climat que nous tournions les yeux, on y retrouve donc cette finguliere tradition d'un âge Théocratique, & nous pouvons remarquer qu'indépendamment de l'uniformité des Préjugés qui décelent un événement quel qu'il puiffe être, cet événement y eft défigné comme étant voifin des anciennes révolutions naturelles ; puifque les regnes de ces Dieux y font généralement ornés & remplis de toutes les anecdotes littérales ou allégoriques de la ruine & du rétabliffement du Monde. Ce feroit une peine inutile, & même une folie, de prétendre juftifier en détail toutes les fables qui ont raport à ces regnes merveilleux, & de vouloir combattre férieufement ou chercher à autorifer la longue durée que les Nations ont donnée à l'Empire de leurs Dieux ; nous

devons nous contenter pour le préfent
de l'enfemble frappant qu'elles nous
offrent, & juger par le feul afpect du
tableau général. Ainfi quoique toutes
ces annales foient fabuleufes pour la durée, pour les faits ou pour la mauvai-
fe application des faits, elles ne peuvent
être fabuleufes pour le fonds ; elles ne
nous parlent point d'un âge imaginaire
que l'on doive retrancher de l'hiftoire
du Monde, comme on a fait jufqu'ici;
mais d'un âge & d'un état réel , qu'il
faut concilier avec cet ancien état du
Genre-Humain dont nous venons de découvrir & de fuivre les progrès.

Les Hébreux femblent nous montrer
plus diftinctement une véritable époque hiftorique, & un exemple mémo-
rable des anciennes Théocraties , dont
je pourrois ici m'autorifer fans me plon-
ger dans l'obfcurité des fiecles fabuleux;
mais quelque refpect que l'on ait encore pour les antiques annales de ce peuple, elles ne peuvent être ici regardées

sous un autre point de vue que celles des autres Nations.

Les *Josué*, les *Débora*, les *Barak*, les *Gédéon*, les *Jaïr*, les *Jephté*, les *Booz*, les *Abedon*, les *Samsom*, les *Ruth*, les *Noëmi*, & tous les Héros enfin & les Héroïnes de la Théocratie Judaïque, ne sont que des *Soleils*, des *Osiris*, des *Apollons*, des *Mercures*, des *Janus*, des *Hercules*, des *Cérès*, des *Cybéles*, & des *Proserpines*.

Le Paganisme & le Judaïsme sont deux Mythologies, qui n'ont de vrai l'une & l'autre que leur source commune, l'abus de l'histoire de la Nature. ✳

✳ La ressemblance intime qu'il y a entre une multitude de faits & de personnages de la Bible & de la Fable, a été pressentie, étudiée & connue de presque tous les Peres de l'Eglise, des Commentateurs, des Interpretes ; mais ils en ont tous méconnu ou pallié l'origine & la source. Leur système le plus général a été de chercher les Dieux du Paganisme dans l'abus qu'ils prétendent qu'ont fait toutes les Nations des Livres de Moïse, & de l'histoire de la Judée ; soit que ces écrivains n'ayent en cela consulté que leur amour propre ou leur superstition, soit qu'ils ayent été forcés par les rapports connus & évidens qu'ils n'ont pu méconnoître

Il faut donc prendre entr'elles un juſte milieu, c'eſt-à-dire, ne point mépriſer

entre les Antiquités ſacrées, & celles qu'ils ont appellées profanes ; ſans rappeler ici les ſentimens de pluſieurs ſçavans qui ont combattu le ſyſtême des Peres, qui rencontre à chaque pas des difficultés énormes ; je crois que l'on peut applanir les difficultés de cet ancien problême par ce raiſonnement. Si les Dieux & les Héros du Paganiſme ne tirent leur origine que de l'abus de l'hiſtoire, de la nature & des figures allégoriques & ſymboliques de la haute Antiquité, comme l'a évidemment démontré l'Auteur de l'*Hiſtoire du Ciel*, de qu'elle autre ſource pourroient provenir les Patriarches & les Héros des Hébreux qui ont avec ces Dieux imaginaires une reſſemblance & un rapport ſi frappans, que les Juifs & les Chrétiens n'ont jamais pu les conteſter ? Deux hiſtoires ou deux fables ſemblables ne doivent-elles pas avoir une commune origine ? C'eſt la conſéquence générale qu'en a tirée M. Pluche avec une prévention ſinguliere, puiſqu'il n'a point lui-même profité de ce trait de lumiere. » Le Paganiſme : dit-il, » n'eſt » point ſorti du Judaïſme, ni le Judaïſme du » Paganiſme : ils doivent l'un & l'autre ce qu'ils » ont de commun à une commune & unique » origine. « Si cet Auteur eût eu autant de génie qu'il paroît montrer de connoiſſances dans ſon ouvrage, l'*Hiſtoire du Ciel* eût été un grand Livre : mais on y voit regner une ſuperſtition aveugle & continue, & une petiteſſe d'eſprit, qui peuvent faire douter qu'il ait tiré de ſa tête les excellens matériaux, dont ſa main s'eſt ſi mal ſervie.

tout-à-fait les Théocraties Payennes,
qui nous voilent des vérités, & ne point
donner une confiance sans bornes à la
Théocratie Judaïque, qui contient mille fables semblables à celles des autres
Nations : elles sont à la vérité décorées
d'un air historique, & paroissent quelquefois mieux liées & plus approchées
de nous ; néanmoins leur Chronologie
est aussi fausse que leurs faits ; & il n'y
a de véritable & de réel, qu'une ancienne vérité qu'elles nous cachent &
qu'on n'y peut qu'entrevoir, comme
dans toutes les annales Payennes.

En réfutant ainsi la preuve la plus
directe & la plus historique qui semble
se présenter en faveur du sujet que je
traite, pour la ramener dans la classe
de ces seuls pressentimens, que fait naître le spectacle uniforme de la Mythologie de tous les peuples, ce n'est point
borner ici nos recherches, c'est appré-
cier à sa juste valeur ce fonds immense
de traditions Hébraïques, dont on ne

pourra tirer quelque profit un jour,
qu'autant qu'on les étudiera sous le point
de vue commun, qui peut seul les ramener à ce foyer général, où le concours de toutes les fables forme une lumiere vraiement historique ; lumiere
qu'elles ne peuvent produire lorsqu'elles sont séparées, &, pour ainsi dire,
rendues divergentes par un esprit national & par les Préjugés.

Je n'entreprendrai point ici ce grand
travail, qui demande que l'on fasse pour
les Hébreux une *Histoire du Ciel*, ainsi
que M. Pluche en a fait une pour les
Egyptiens ; mais il est encore un autre
fonds non moins considérable, où nous
pouvons chercher & suivre les traces de
l'ancien gouvernement Théocratique,
ce sont les ouvrages religieux & politiques des Nations, qui, malgré la corruption & le déguisement de leurs motifs primitifs, peuvent s'éclairer mutu-
ellement les uns par les autres, & dissi-
per une grande partie des ténebres qui

ont obfcurci l'hiftoire des premiers âges du Monde.

Examinons auparavant quels ont dû être les ufages & les coutumes de nos peres dans leur Théocratie, & fi nous trouvons enfuite ces mêmes ufages, ou les abus qui ont pu en naître chez toutes les Nations, ce fera, fans doute, une preuve qu'elles en ont toutes originairement connu les véritables fources.

SECTION IX.

Quels ont été les ufages Théocratiques. On retrouve chez toutes les Nations, & ces ufages, & les abus fortis de ces ufages corrompus.

L'Etat Théocratique ayant été adopté & regardé par les hommes comme un état civil & politique, un de leurs premiers foins fut de repréfenter au milieu d'eux la maifon du Dieu Monarque,

de choisir dans cette maison un lieu
particulier pour sa résidence, & de le
distinguer par un trône. C'étoit là,
sans doute, qu'ils devoient se réunir
pour lui rendre leurs hommages, pour
recevoir ses ordres, & pour lui demander des graces; c'est à-dire, pour lui
offrir leurs vœux & leurs prieres.

Ces institutions ne furent d'abord
qu'un cérémonial allégorique: mais avec
le temps il fut pris à la lettre; tous les
usages civils devinrent des usages religieux; il fallut avoir recours à Dieu
dans toutes les affaires publiques & particulieres; la Religion absorba la Police, dont elle se rendit la Souveraine,
& à mesure qu'elle augmenta ses droits
temporels, elle se corrompit elle-même, & changea de nature. La maison
du Dieu Monarque & son trône, devinrent peu à peu son Temple & son
Sanctuaire. L'homme, s'imaginant que
l'Etre Suprême chérissoit ce lieu plus
particuliérement qu'aucun autre, se

perfuada qu'il y habitoit réellement.
Ses idées fur la Divinité fe retrécirent
de plus en plus. Au lieu de regarder
fimplement les Temples comme des
lieux d'affemblées & de prieres publiques, infiniment refpectacles par cette
feule & vraie deftination, il y chercha
le Maître qu'il croyoit y réfider, & ne
pouvant l'appercevoir, il ne tarda pas
à y mettre une repréfentation, & à
l'adorer.

L'Etre Suprême étant confidéré
comme le Roi de la Société, le figne
de l'autorité & le fceptre de l'Empire
ne dut point être mis entre les mains
d'aucuns particuliers; il dut être dé-
pofé dans la maifon & fur le fiege du
célefte Monarque, c'eft-à-dire, dans
un Temple, & dans le lieu le plus ref-
pectable de ce Temple, c'eft-à-dire,
dans le Sanctuaire. Le fceptre & les
autres marques de l'autorité Royale,
n'étoient dans les premiers temps que
des bâtons & des rameaux, les Tem-

ples que des cabanes, & le Sanctuaire qu'une corbeille ou un coffre; c'est ce que toute l'Antiquité nous apprend.

Dans les fêtes commémoratives de l'ancien état du Genre-Humain, que les Japonois * observent encore, ils y représentent sur la scene tous ces signes rustiques de la primitive autorité; ils nous expliquent par-là certaines solemnités & certains mysteres des Egyptiens & des Grecs, où nous retrouvons ces mêmes emblêmes. Personne n'ignore l'histoire de la verge d'Aaron, elle a la même origine; déposée dans le Sanctuaire & dans l'Arche, elle n'avoit été primitivement que le sceptre du Dieu Monarque; mais elle étoit devenue chez les Hébreux le signe du suprême Ministere de la famille de Lévi; parce que, dans le Gouvernement Théocratique, les Prêtres en ayant été les Officiers naturels & les Ministres, en sont bientôt devenus les vrais Sou-

* Kempfer.

verains, comme nous le verrons par la suite.

L'Hiſtoire ancienne nous conſerve encore une autre anecdote, qui confirme ce que j'expoſe ſur les uſages, & ſur le progrès des abus qui leur ont ſuccédé. Elle rapporte que les premiers Temples que les hommes ont enſuite élevés à la place des cabanes & même des cavernes, qui en avoient d'abord tenu lieu, n'ont été pendant long-temps que de ſimples enclos, qui ne contenoient aucune de ces repréſentations de la Divinité, dont ils furent remplis dans les ſiecles ſuivans.

Le Code des Loix civiles & religieuſes ne dut point non plus être remis entre les mains d'un Magiſtrat particulier; on le dépoſa donc au Sanctuaire; & ce fut à ce lieu ſacré qu'il fallut avoir recours pour connoître ces Loix & pour s'inſtruire de ſes devoirs. Ceci eſt un uſage dont toute l'Antiquité Payenne, & celle des Hébreux nous offrent une infinité de témoignages. Tous les Temples avoient une corbeille, un coffre, une arche, où les sacrés dépôts de l'autorité & de la Législation étoient conservés avec une Religion qui s'étoit changée chez la plûpart des peuples en une superstition si déplorable, qu'on étoit parvenu, en confondant les Loix avec le Dieu Législateur, à n'oser regarder tous ces signes instructifs, sans crainte de mourir ou d'être exterminés.

Dans ces fêtes Payennes qui portoient le nom de fêtes de la Législation, comme les *Palilies*, & les *Thesmophories*, l'objet principal du cérémonial étoit devenu un secret redoutable, & l'on y faisoit au peuple un mystere de ses devoirs.

Ce qu'il y avoit de plus caché dans les fêtes d'Isis, de Cérès, & de Cybele, dans les mysteres de Samothrace & des Etrusques, &c. n'avoit eu primitivement pour objet que d'apprendre à bien vivre pour parvenir à une heureu-

se fin; que de les instruire sur l'ordre
& le sujet des fêtes, que de les engager
au travail & à l'industrie; mais toutes
ces utiles leçons déposées dans le Sanctuaire, furent réservées par la suite
pour un petit nombre d'initiés, auxquels après de longues épreuves on faisoit promettre sous d'affreux sermens
de ne rien révéler au vulgaire : * Tant
il est vrai que les Prêtres, qui ont été
établis pour conduire l'homme dans le
bon

* Le secret de ces mysteres étoit d'autant plus
criminel que les mysteres n'avoient pour objet
que le bien du Genre-Humain. *Ceux qui ont
part à ces initiations*, disoit Socrate, *s'assûrent
de douces espérances pour le moment de leur mort
& pour toute la durée de l'éternité. Ils ont été
établis*, dit Epictete, *pour régler la vie des hommes, & pour en éloigner les désordres. Tout ce
qu'on y apprend*, dit Cicéron, *ce sont toutes les
vérités dont nous avons besoin pour régler ici-bas
notre conduite. Par les mysteres*, dit-il ailleurs,
*nous avons connu les moyens de subsister, & les
leçons qu'on y donne sont faites pour apprendre aux
hommes à vivre en paix & avec modération entr'eux, pour mourir dans l'espérance d'un meilleur
avenir.* Il est aisé de voir par ces grandes vérités, conservées comme des mysteres dans le Paganisme, qu'il n'y auroit jamais eu de Paganisme,

si

bon chemin, ont craint dans tous les temps qu'il ne le connût & qu'il n'y marchât.

Dès que la nature de la Théocratie exigea néceſſairement que le dépôt des Loix gardées dans le Sanctuaire parût émané de Dieu même, & dès qu'on fut obligé de croire qu'il étoit le Légiſlateur des hommes, comme il en étoit le Monarque, il fallut, par la ſuite des temps, avoir recours au menſonge & à l'impoſture, pour imaginer de quelle façon ces Loix étoient parvenues ſur la Terre; il fallut ſuppoſer des révélations ſurnaturelles & merveilleuſes, pour les faire deſcendre du haut du Ciel, pour les faire pronon-

ſi les Prêtres, qui eurent dans la Théocratie le dépôt de la Police & de la Religion, euſſent été au contraire ſoumis à cette Police publique, & n'euſſent pu regarder comme leur bien cet important dépôt qui ne leur étoit que confié. On peut remarquer auſſi par-là, qu'il en étoit de l'idolâtrie comme il en eſt de toutes les Religions préſentes, que la morale en étoit bonne, mais que l'hiſtorique n'en valoit rien.

I

cer & même écrire par la Divinité, par
des Dieux, & par des Déesses; il fallut en aller chercher l'origine sur des
montagnes enflammées, dans des dé-
serts, dans des cavernes & des forêts
solitaires, tandis qu'elles étoient gravées dans le cœur du Genre-Humain,
& que la raison publique des Sociétés
primitives en avoit été l'unique source
& le véritable organe.

Par ces affreux mensonges l'on a ra-
vi à l'homme l'honneur de ces Loix si
belles & si simples, qu'il avoit faites
lors du renouvellement des Sociétés.
Par-là l'on a affoibli le ressort & la dignité de sa raison, en lui faisant fausse-
ment croire qu'elle n'étoit pas capable
de le conduire, tandis que c'est le privilege & l'objet de ce don sublime &
presque divin, que l'homme seul sur
la Terre a reçu du Créateur.

La nécessité d'une révélation pour
apprendre à l'homme ses devoirs, est
un système ancien & funeste, qui a

produit les plus grands maux dans la Société : le décri où il a fait tomber la raison chez le plus grand nombre des hommes, rend le crime des Législateurs myſtiques preſque irréparable. *

Si l'impoſture a toujours été cher-cher l'origine des Loix dans les déſerts, on ſent aiſément qu'elle l'a fait pour mentir avec plus de hardieſſe & de ſû-reté. Cette conduite qui devoit être ſi ſuſpecte, l'étoit cependant d'autant moins alors, qu'elle s'accordoit avec quelques autres Préjugés, qui tiroient auſſi leur ſource des anciennes impreſſi-ons cauſées par les malheurs du Monde. Comme on avoit attribué ces malheurs

* S'il eſt un moyen de réparer les maux pro-duits par le dogme chimérique de la révélation, & de rendre les hommes ſages & heureux, au-tant qu'ils peuvent l'être ici-bas, c'eſt de leur inſpirer de l'amour, de l'eſtime, & du reſpect pour leur raiſon, & de faire de ces trois devoirs la baſe de toute éducation. C'eſt par-là qu'on pourra changer un jour la face du Monde ; les conſéquences qui dérivent de cet amour, de cette eſtime, & de ce reſpect, compoſent le vé-ritable code de ſa conduite, de ſa morale, de ſa Religion & de ſa Philoſophie.

à la defcente & à la préfence du Grand
Juge, on en avoit conclu par la fuite,
que ce Grand Juge étoit fi redoutable
& fi terrible, qu'il ne pouvoit fe montrer fans faire périr l'Univers. Ce fut
donc toujours derriere un voile, dans
des nuages obfcurs & fou bres, & dans
des déferts écartés, qu'il fallut le faire
defcendre, lorfqu'on feignit par la fuite qu'il ne venoit que pour donner des
Loix & pour faire du bien aux mortels.

Telle fut la caufe, dans les temps de
menfonge, de la docile imbécillité des
hommes. C'eft encore de là qu'étoit
fortie cette autre opinion de l'Antiquité Payenne & Judaïque, qu'on ne pouvoit voir Dieu fans mourir. Le dogme
de l'apparition du Grand Juge, & celui
de la fin du Monde, étant deux dogmes inféparables, l'homme devoit croire fa ruine certaine & prochaine, quand
fon imagination avoit vu cet Etre redoutable.

Le Dieu Monarque de la Société ne

pouvant lui commander d'une façon directe, l'homme se mit dans la nécessité d'imaginer des moyens de connoître ses ordres & ses volontés; une absurde convention établit donc dans la Théocratie, des signes sur la Terre & dans le Ciel, que l'on regarda comme les interprêtes du Souverain invisible. Les Hébreux, par exemple, allerent consulter l'*Urim* & le *Tummim*; c'étoient douze pierres précieuses, nommées *Lumieres & perfections*, parce qu'ils s'imaginoient que les différens rayons qu'elles jettoient faisoient connoître la volonté suprême. Les Egyptiens avoient un Oracle semblable, * qu'ils nommoient *Vérité.* Chaque Nation eut le sien. On vit paroître une foule d'Inspirés, de Devins, de Prophêtes; on vit naître les Augures, les Aruspices, & une multitude de révélations de toute espece. En Police, comme en Re-

_____

* Elien, Varron, Diodore parlent de cet Oracle.

ligion, l'homme ne consulta plus sa
raison; il crut que sa conduite, ses en-
treprises, & toutes ses démarches devoient avoir pour guide un ordre &
un avis particulier du Ciel; & comme les Prêtres en étoient les organes,
toutes les Nations de la Terre s'en
rendirent les esclaves, les victimes &
les dupes.

Quoi qu'ait pu faire l'imposture pour
déguiser la véritable origine des Loix,
comme elle est sujette, à cause de son
ignorance naturelle, à suivre les Préjugés reçus, lors-même qu'elle en in-
vente de nouveaux, elle n'a pu totalement effacer par ses fables les anciens
traits de la vérité.

Nous avons vu que le sujet & l'objet des premieres Loix & des premiers
sentimens du Monde renouvellé avoit
été de réparer les maux du Genre-Humain, de pourvoir à sa subsistance, &
à la multiplication de ce qui en étoit
resté, de favoriser les inventions & les

inventeurs, & d'entretenir dans le cœur
des hommes la reconnoiſſance & la
crainte, en leur retraçant ſouvent les
anciens phénomenes de la deſtruction
du Monde. Un Code des Loix faites
dans de pareilles vues, ne devoit-il point
être appellé le *Code de la Terre ſauvée ?*
& ne ſeroit-ce point ce titre que nous
cacheroit celui de *Code Moſaïque*, que
portent les loix des Hébreux ? Un tel
titre dans la langue de l'Egypte, qui
eſt un pays bas & maritime, devoit ſignifier *le Code ſauvé des eaux*, ou de *la
Terre ſauvée des eaux*, comme le Code
des loix de Zoroaſtre, nommé *Zenda-
Veſta*, pourroit ſignifier, pour la Perſe & dans les montagnes de la haute A-
ſie, *le Code de la Terre ſauvée du feu.*
Une multitude d'autorités, qu'il ſeroit
trop long de rapporter ici, mais que je
vois dans les Ecritures mêmes des Hébreux, dans leurs fêtes, dans leurs uſages; & dans toutes leurs traditions,

I 4

me portent à changer ces foupçons en
une certitude parfaite. *

C'eſt de l'épithete, *Moſée* ou *Moſaïque*, qui avoit été donnée aux Loix, aux
uſages, & aux hymnes de l'ancienne
Egypte, & de l'épithete *Zerduſt* ou
Zend, qui avoit été donnée aux inſtitutions des peuples de la haute Aſie,
qu'ont été faits des *Muſes*, des *Mu-*

* Par les recherches particulieres que j'ai faites ſur les ſolemnités nouvelles des Hébreux,
& par leurs comparaiſons avec certaines fêtes
d'Athenes, de Syrie, & d'autres peuples qui a-
voient rapport aux déluges d'Ogygés, de Deucalion, & de Prométhée, je ſuis parvenu à l'é-
vidente démonſtration que la Pâque, la Pente-
côte, la fête des Tabernacles, & autres commémorations Hébraïques, avoient toutes eu pour
anciens motifs les miſeres du Genre-Humain détruit & renouvellé ; ainſi l'on peut être ſûr que
l'origine que je donne ici au Code Moſaïque
n'eſt rien moins qu'un ſoupçon. Cette découverte donne la ſolution de toutes les rélations des
voyageurs, qui preſque en tous pays ont trouvé
des inſtitutions Moſaïques. Ce n'eſt point que
les Loix d'un Moïſe y ſoient parvenues ; c'eſt
que les uſages & les coutumes des Hébreux ſont
en grande partie des commémorations de ces anciens malheurs du Monde, qui ont été univerſels
& généraux, & qui ont fait par-tout la même
impreſſion ſur les hommes.

fées, * des Moyses & des Zoroastres, qui n'étoient d'abord que des titres de Législation, mais qui se font par la suite

* M. Pluche a reconnu quelle étoit la source des *Muses* & des *Musées* ; mais il a glissé sur *Moïse* avec assez de mauvaise foi. Il en est de même de *Ménés*, de *Minos*, & de *Numa*, dont on a fait des Rois Législateurs, parce que leurs noms signifient *Législation*, Les hymnes d'*Orphée*, qui chantoient l'ennemi du Monde *mis à la renverse*, sont aussi provenues de là. On a fait un grand Poëte en personifiant l'épithete caractéristique de ces Hymnes. Les Cantiques d'*Apollon*, ce Dieu victorieux & grand Musicien; les Pseaumes du Roi *David*, ce grand Chantre, & le seul Conquérant qu'ayent eu les Juifs, devoient l'un & l'autre avoir la même origine. *Apollon* signifie le Destructeur, le vainqueur de l'ennemi, parce qu'il combattit le Serpent Python, monstre enfant du Déluge, & ses Cantiques chantoient sa victoire. *David*, dont les véritables racines sont *Aued*, *Avaddon*, & *Aveddach*, perte & destruction, signifie l'*exterminateur*. Les Pseaumes ne parlent que de la fin du Monde, & de la venue du Grand Juge. Leur titre le plus souvent porte, *pour la fin*; expression à laquelle on n'a rien compris jusqu'ici, ainsi qu'à beaucoup d'autres obscurités de ces Pseaumes, qui s'évanouïront néanmoins aussi tôt qu'on n'y voudra plus voir David, ou le Messie, mais un personnage allégorique, commémoratif, & instructif sur le passé & sur le futur, tel que pouvoit être l'*Adonis* mort & ressuscité des anciens Phéniciens.

I 5

métamorphosés en Poëtes, qui ont chanté, dit-on, l'origine du Monde, & en fameux Légiflateurs, dont les uns ont été fauvés de l'eau, & les autres du feu.

Tout le plan de l'Hiftoire Nationale des Hébreux marche prefque toujours fur les fombres veftiges de l'Hiftoire naturelle du Monde; c'eft après des maux & des fouffrances infinies, que leur Loi leur eft donnée fur le mont Sina au milieu de toute la Nature émuë. L'Egypte, cette terre d'angoiffe, où ils avoient demeuré fi long-temps, a été prefque exterminée par le feu, par les eaux, par les ténebres, par la pefte, par la famine, & par tous les fléaux apocalyptiques. Ces Hébreux eux-mêmes avant d'entrer dans le chetif pays qu'ils appelloient leur *Terre promife*, avoient pendant quarante années fouffert dans les déferts des miferes fi grandes, qu'elles renouvellerent leur race, & que tous ceux qui avoient vu leur ancienne demeure n'habiterent

point dans la nouvelle : on les voit tous
fucceffivement détruits dans une terre
aride & fauvage, par des embrafemens,
par des gouffres, par des géans, par
des dragons, par la faim & par la foif;
enfin on les voit errans fans ceffe, &
toujours crians & gémiffans, à l'occafion de nouveaux fléaux & de nouvelles calamités.

N'eft-ce point-là le vrai tableau du
trifte & ancien état du Genre-Humain,
& du paffage de l'ancien Monde au
nouveau, dont il ne paroît que trop
que les Hébreux fe font emparés pour
fe l'approprier, & pour en faire les a-
necdotes particulieres de leur merveil-
leufe hiftoire ?

Je ne fuivrai pas plus loin cette in-
téreffante carriere : je me contente de
faire remarquer encore que l'hiftoire
de leurs miferes, & de leur fameux
paffage dans la Terre promife, préce-
de immédiatement chez eux, celle de
leurs temps Théocratiques, ainfi que

les anciens malheurs du Monde précé-
derent les Théocraties qui en furent
les fuites.

Nous venons de voir jufqu'ici quelles ont été en partie les erreurs morales & hiftoriques dont les Sociétés
Théocratiques, s'infecterent pour avoir
confié le dépôt des Loix & de l'autorité aux Prêtres, comme Officiers du
Sanctuaire & Miniftres du Roi Grand
Juge Il en eft forti d'auffi abfurdes &
d'auffi déplorables des tributs que l'on
crut devoir lui payer. Il y a quelque
apparence que dans les premiers temps
les Sociétés n'eurent point d'autres
charges ni d'autres tributs à payer à
l'Etre fuprême que les prémices des
biens de la Terre, que l'on tenoit de
fa main bienfaifante, & que cet hommage étoit plutôt un acte extérieur de
reconnoiffance qu'un tribut civil &
réel, dont le fouverain difpenfateur n'a
pas befoin. Il n'en fut plus de même
lorfque d'un Etre univerfel chacun en

eut fait son Roi particulier; il lui fallut, comme nous avons dit, une maison, un trône, des Officiers, des ministres, & enfin des revenus pour les entretenir.

Le peuple porta donc dans son Temple la dixme de ses biens, de ses terres, & de ses troupeaux. Il sçavoit qu'il tenoit tout de son divin Roi : que l'on juge de la ferveur avec laquelle chacun vint offrir tout ce qui pouvoit contribuer à l'état & à la magnificence de son Monarque : on en vint jusqu'à s'offrir soi-même, sa famille & ses enfans : on crut pouvoir, sans se dèshonorer, se reconnoître esclave de celui qui nous a fait libres, & l'homme ne se rendit par-là que le sujet & l'esclave de ses Ministres hypocrites. Les Prêtres devorerent seuls tous les dons, & partagerent entr'eux les dixmes de l'invisible Souverain; le regne du Ciel les rendit maîtres du regne de la Terre, & leur cupidité croissant en raison de la simplicité des peuples, ils ne ceslerent de tendre des pieges à la piété généreuse.

Pour la forme & pour la décence, les Prêtres eurent le soin cependant d'exposer les dons du peuple devant le Sanctuaire, d'égorger devant le Dieu Monarque les animaux qui lui étoient offerts, d'en répandre le sang en sa préfence, d'en rôtir & d'en bruler une partie à son intention. Mais ce ridicule & barbare ufage, qui diminuoit peu la portion facerdotale, ne fervit qu'à en familiarifer l'ordre avec le fang; les Prêtres devînrent d'impitoyables bouchers, & les Temples se changerent en lieux de carnage; où le sang humain, en mille endroits de l'Univers, fut enfuite préféré à celui des animaux, & ruiffela pendant un grand nombre de fiecles.

Il n'eft pas befoin, sans doute, de faire ici l'application de ces ufages à ceux du Paganifme & du Judaïfme, pour y reconnoître l'origine de ces sacrifices perpétuellement offerts dans les Temples, avec une dépense & une profusion qui semble avoir dû exterminer les troupeaux. Leur premiere intention avoit été de couvrir la table du Roi Théocratique ; de là les Prêtres de Bel persuaderent au peuple que leur Dieu mangeoit réellement les victimes qu'on lui offroit. Les Grecs & les Romains, dans les calamités publiques, assembloient pareillement tous leurs Dieux autour d'une table, qu'ils couvroient des viandes les plus exquises ; ainsi cet usage, qui n'avoit été d'abord qu'un cérémonial figuré, pour soutenir dans tous les points l'extérieur du gouvernement surnaturel qu'on s'étoit donné, fut, comme on le voit, pris à la lettre, & la Divinité étant traitée comme une Créature mortelle, on la perdit à la fin de vue, & l'homme devint idolâtre.

Toutes les Nations qui donnerent

dans cette abſurdité, (& elles y donnerent toutes) conſerverent néanmoins le ſouvenir d'un temps primitif, où les Temples n'avoient point été enſanglantés, & où l'on ne préſentoit à l'Etre ſuprême que les prémices des biens & des fruits de la terre; preuve que les ſacrifices ſanglans n'étoient, comme je viens de le dire, qu'un de ces abus ridicules, qui s'étoient introduits avec le temps. De tous les peuples du Monde, il n'en eſt point non plus un ſeul qui ne nous ait montré l'affreux ſpectacle des victimes humaines; barbarie inconcevable, qui n'auroit jamais pu s'introduire parmi les Nations, ſi par les ſacrifices des animaux elles ne s'étoient familiariſées avec cette idée cruelle, que la Divinité aime le ſang : il n'y eut plus qu'un pas à faire pour égorger les hommes, afin de lui offrir le ſang le plus cher & le plus précieux qui ſoit, ſans doute, à ſes yeux.

Cette atroce façon de penſer fait en-

co-

core la bafe des myfteres du Chriftianifme. Quelle horreur! „ Eft-ce-là,
„ dit Plutarque, * adorer l'Etre Su-
„ prême? Eft-ce avoir de la Divinité
„ une idée qui lui faffe beaucoup d'hon-
„ neur, que de la fuppofer altérée du
„ fang humain, avide de carnage, &
„ capable d'exiger & d'agréer de tels
„ facrifices? „ ......

Les Typhons & les Géans, s'ils euffent triomphé du Ciel, auroient-ils
pu établir fur la Terre des facrifices
plus abominables? Quelle leçon dans
la bouche d'un de ces hommes qu'on
appelle Payens, pour tous ces Docteurs
du Chriftianifme, qui prétendent que
le fang de tous les hommes n'auroit
point fuffi pour appaifer leur Dieu, &
qu'il lui a fallu pour cela un fang divin! N'eft-ce pas renchérir, avec le
plus étrange fanatifme, fur la barbarie
la plus grande?

* *Plut. des Superftit. pag.* 169. 171.

K

Les Dixmes, qui n'étoient que le tribut dû à la Royauté de l'Etre Suprême, ne servirent donc qu'à nourrir & à entretenir l'orgueil du Sacerdoce ; elles devinrent son bien de droit divin ; * & comme sous un tel Gouvernement, tout religieux & tout mystique ; les fautes secrettes, & jusqu'aux souillures légales, † étoient des fautes civiles, les Prêtres eurent intérêt d'en étendre les cas à l'infini, parce que les amendes, les expiations, & les victimes qui en résultoient, augmentoient

---

* Les Dixmes dans la Théocratie, appartenoient à Dieu, comme Monarque ; lorsque les Juifs changèrent ce gouvernement mystique, & qu'ils élurent des Rois, les Rois reçurent les Dixmes. *Liv. des Rois chap. 7. v. 15.*

† Les ordonnances légales de tous les anciens peuples proviennent en partie de la simplicité de leur âge ; comme il n'y avoit alors ni luxe ni magnificence, on ne pouvoit exiger d'autre parure pour se présenter devant le Dieu Monarque, qu'une grande propreté du corps ; la plus petite souillure étoit une indécence que la Loi punissoit ; & comme l'imagination voit beaucoup de souillures, la superstition a toujours fait d'amples recherches sur cette matiere, sur-tout dans les pays chauds.

les tréfors & l'abondance du Grand Juge, c'eft-à-dire, de fes Miniftres.

Il eft encore un autre article fur lequel je pourrois m'étendre ; ce feroit fur le détail des meubles & des uftenciles qui furent deftinés au Monarque ; mais ce fingulier inventaire nous méneroit trop loin ; il fuffit d'être prévenu que ces chars, ces boucliers, * ces armes, & même ces troupeaux entiers de bœufs & de chevaux que toute l'Antiquité confacroit à fes Dieux, avoient été dans les anciennes Théocraties, les équipages & les domaines du Monarque invifible, & qu'ils fervoient particuliérement à certaines fêtes, pendant lefquelles on s'imaginoit que le Dieu defcendoit fur la Terre.

Paffons actuellement à l'une des plus funeftes fuites qu'eut le Gouvernement Théocratique.

---

* Rome avoit fes boucliers facrés qui font connus de tout le monde, mais on n'a jamais fait affez d'attention aux boucliers d'or du Temple de Jérufalem.

K 2

SECTION X.

Les Théocraties produisent l'idolatrie.

IL eſt ſi difficile à l'homme de ſe former l'idée d'un Etre grand, puiſſant,
immenſe, & pourtant inviſible, tel
qu'eſt Dieu, ſans s'aider de quelques
idées & de quelques comparaiſons humaines & ſenſibles, qu'il fallut preſque néceſſairement dans les Théocraties en venir à ſa repréſentation. Il
étoit alors bien plus ſouvent queſtion
de l'Etre Suprême qu'il n'eſt aujourdhui; indépendamment de ſon nom &
de ſa qualité de Dieu, il étoit Roi encore; tous les actes de la Police, tous
ceux de la Religion ne parloient que
de lui: on trouvoit ſes ordres & ſes arrêts par-tout: on ſuivoit ſes Loix, on
lui payoit tribut, on voyoit ſes officiers, ſon palais, & preſque ſa place;

elle fut donc bientôt remplie : les uns
y mirent une pierre brute, les autres
une pierre sculptée, ceux-ci l'image
du Soleil, ceux-là celle de la Lune ;
plusieurs Nations y exposerent un
bœuf, une chevre, un chien, un
chat ; & les signes représentatifs du
divin Monarque furent chargés de tous
les attributs symboliques d'un Dieu &
d'un Roi : ils furent décorés de tous
les titres sublimes qui convenoient à
celui dont ils étoient les emblêmes ; ce
fut devant eux qu'on adressa à l'Etre
Suprême des louanges & des prieres,
qu'on exerça tous les actes de la Police & de la Religion, & qu'on remplit
enfin tout le cérémonial Théocratique.
On croit déja, sans doute, que c'est
l'idolatrie ; non, ce n'en est que la porte fatale.

Je n'adopte point le sentiment affreux que les hommes sont devenus idolâtres de plein gré, de dessein prémé-
dité, & qu'ils ont été capables d'en

avoir formé un syftême raifonné, pour l'exécuter enfuite. Ce fentiment eft auffi contraire à la Philofophie qu'il feroit deshonorant pour l'humanité. Encore moins doit-on s'arrêter aux opinions d'un Cumberland * & de quelques autres, qui ont prétendu que l'idolâtrie s'étoit établie fur la Terre en haine de l'Etre Suprême & des juftes. Jamais les hommes n'ont haï la Divinité; jamais dans leurs égaremens mêmes ils n'ont entiérement méconnu fon exiftence & fon unité: ce n'eft point non plus par un faut rapide qu'ils ont paffé de l'adoration du Créateur à l'adoration de la créature; ils font devenus idolâtres fans le fçavoir, & fans vouloir l'être, comme ils font enfuite devenus efclaves fans avoir jamais eu envie de fe mettre dans l'efclavage.

La Religion primitive de l'homme s'eft corrompue; fon amour pour l'u,

* Auteur Anglois, Commentateur des Fragmens de Sanchoniaton.

nité s'est obscurci peu à peu; le progrès lent & insensible qu'a fait l'ignorance, par l'oubli du passé, par le
trop grand appareil du culte extérieur,
par les suppositions qu'il a fallu faire
pour soutenir un Gouvernement surnaturel, & par la négligence des instructions infiniment nécessaires; dans un
culte & dans une police toute figurée,
ces instructions étoient dégénérées,
parce que l'ordre Sacerdotal qui les devoit donner étoit dégénéré lui-même,
qu'il étoit devenu presque aussi ignorant
que le peuple, qu'il étoit plus avare
que lui, & plus intéressé encore que le
vulgaire à voir multiplier les tributs,
les victimes, & les dons avec les emblêmes multipliés du Dieu Monarque;
c'est ainsi que long-temps après, d'autres siecles d'ignorance & d'avarice ont
vu multiplier les Saints dans le Christianisme.

Nous pouvons donc très-légitime-
ment soupçonner que chaque Nation

s'étant rendu son Dieu Monarque sen-
sible, plus par simplicité que par des
vues idolâtres, se conduisit encore quelque temps vis-à-vis de ses emblêmes a-
vec une circonspection religieuse &
intelligente: c'étoit moins Dieu qu'on
avoit voulu représenter, que le Monarque.

C'est ainsi que dans nos Tribunaux
les Magistrats ont toujours devant les
yeux le portrait de leur Souverain, qui
rappelle à chaque instant, par sa ressemblance, & par les ornemens de la
Royauté, le véritable Souverain, qu'on
n'y voit pas, mais qu'on sçait exister
ailleurs, demeurer en tel palais, & dont
on pourra s'approcher, si l'on se trouve obligé de recourir à sa justice; un
tel tableau ne peut nous tromper, il
n'est pour nous qu'un objet rélatif &
commémoratif. Telles furent, sans doute, les premieres images de la Divinité; si nos peres s'y tromperent cependant,
& s'ils perdirent avec le temps

leurs premiéres intentions de vue,
c'est qu'il ne leur fut pas aussi facile
de peindre la Divinité qu'il nous l'est
de peindre un homme mortel. Quels
rapports pouvoient avoir, en effet, a-
vec le Dieu regnant, toutes les différentes effigies qu'on en put faire? Ce
ne put être que des rapports imaginaires & de pure convention, * par con-

* Les hommes établirent réellement des rapports conventionnels. Comme Dieu pourvoit à
nôtre subsistance, les uns choisirent pour le représenter, le bœuf qui laboure, ou la vache qui
nourrit. Comme Dieu veille & qu'il voit sans
cesse, quelques-uns choisirent un chat, parce
que ses yeux brillent, même pendant la nuit;
plusieurs autre prirent un chien, parce qu'il est
la garde & le surveillant fidele de la sûreté de
la famille; ceux qui, un peu plus éclairés, sça-
voient encore qu'on ne pouvoit représenter la
Divinité par aucune figure, & qui vouloient néanmoins avoir des objets simples pour s'élever
vers elle en certains temps, choisirent certains
arbres, certains arbrisseaux, certaines plantes
utiles, ou même une pierre brute, enfin le plus
grand nombre fit choix du Soleil ou de la Lune : ceux qui choisirent des pierres ou autres
corps inanimés pour se rappeller la Divinité,
les oignoient d'huile. Cette cérémonie, dont
on a fait par la suite une consécration idolâtre,
n'étoit primitivement qu'un moyen de distinguer

féquent toujours propres à dégrader le Dieu ou le Monarque, fi-tôt qu'on n'y joignoit plus une inftruction & une explication. Par-là le culte & la police, de fimples qu'ils devoient être, devinrent compofés & allégoriques: par-là le Prêtre vit accroitre la néceffité de fon état, & les befoins que l'on eut de fon miniftere. Il fe forma dès-lors une fcience nouvelle & bizarre, qui fut particuliere au Sacerdoce, & dont il augmenta les difficultés pour fe mettre en plus grande confidération. Plus il devoit être ouvert & fincere devant le peuple, plus il devint caché & myftérieux; la Religion devint un fecret, & les Prêtres s'imaginant la faire refpecter par une obfcurité myftérieufe, l'éteignirent tout-à-fait; au lieu de dévoiler la Divinité que les

ces objets de tous les autres, & de les reconnoître facilement, parce que les taches d'huile ne s'effacent jamais; on s'imagina avec le temps que cette onction donnoit une vertu, & on ne la pratique plus que dans cette intention ridicule.

hommes cherchoient fincérement, ils les rendirent idolâtres, & ils confer-verent pour eux feuls le fens & l'inter-prétation de tous les emblêmes, de tou-tes les allégories, & de tous les ufages fymboliques qu'ils multiplierent à l'in-fini. C'eft de là que fortirent des lan-gues Théologiques & barbares, des écritures facrées, & ces appareils hié-roglyphiques, qui furent toujours inac-ceffibles & incompréhenfibles au vul-gaire. Enfin, c'eft depuis ces temps-là que les Prêtres regarderent comme leur domaine & comme leur propriété le dépôt de la Religion des hommes, & qu'ils prétendirent tenir de droit divin un Miniftere public, qui ne leur avoit été confié que par leurs conci-toyens.

Le Genre-Humain, amené à pas lents & infenfibles au point de ne plus connoître fon Dieu & fon Monarque, ne fit plus que des chutes précipitées. Si toutes les différentes Nations euffent

au moins pris pour figne de la Divinité régnante le même objet & le même
fymbole, l'unité du culte, quoique
dégénéré, eût pu fe conferver encore
fur la Terre: mais, comme nous avons
dit, les uns prirent un figne ou un emblême, & les autres en prirent un autre. L'Etre Suprême, fous la figure
du Soleil, de la Lune, d'une pierre,
d'une ftatue, d'un bœuf, &c. fe vit
adoré par-tout; mais il ne fut plus le
même dans l'extérieur qui le rendoit
fenfible.

Chaque Nation s'habitua à confidérer l'emblême qu'elle avoit choifi,
comme le fymbole le plus véritable &
le plus faint de la Divinité. Chacune
d'elles y vit enfuite le vrai Dieu, & le
feul Monarque ; & les emblêmes étant
différens en tous lieux, comment fe fe-
roient-elles imaginé qu'elles n'avoient
toutes que le même Dieu, & qu'il étoit
par-tout le même ? *

* Les Philofophes du Paganifme ont tous con-

L'unité des Nations fut donc rompue. La Religion générale étant éteinte, un fanatisme général prit sa place, & dans chaque contrée il eut son étendart particulier; chacun regardant son Dieu & son Roi comme le seul véritable, crut posséder la vraie Religion de ses peres; chaque Nation crut être la seule religieuse, la seule chérie de l'Etre Suprême; & du souvenir de l'ancienne vérité, il ne resta qu'une

nu cette grande vérité, & c'est par-là qu'ils expliquerent aux Chrétiens de la primitive Eglise, les bizarreries & les variétés de leur culte. Les Chrétiens regarderent alors leurs raisonnemens comme une imagination nouvelle inventée par les Payens pour pallier le culte des Démons; on peut aujourdhui les juger par cet ouvrage & par les paroles de Plutarque. (p. 377. & 378.)
„ Comme le Soleil, la Lune, le Ciel, la Ter-
„ re, la Mer, sont communs à tous les hom-
„ mes, dit-il, mais ont des noms différens,
„ selon la différence des Nations & des Lan-
„ gues; ainsi, quoiqu'il n'y ait qu'une *Divinité*
„ *unique*, & une Providence qui gouverne l'U-
„ nivers, & qui a sous elle différens Ministres
„ subalternes, on donne à cette Divinité, *qui*
„ *est la même*, différens noms, & on lui rend
„ différens honneurs, selon les loix & les cou-
„ tumes de chaque pays.

fatale impreſſion, qui porta chaque peuple à aſpirer à la Monarchie univerſelle, parce qu'elle étoit réellement due à l'Etre Suprême, que chaque peuple regardoit comme ſon Monarque, ſous des formes & des noms différens. Dans le langage des Prêtres, le Dieu dont ils étoient les Miniſtres fut l'ennemi jaloux de tous les Dieux voiſins; bientôt toutes les Nations furent reputées étrangeres; on ſe ſépara d'elles, on ferma ſes frontieres, & les hommes devinrent enfin, par naiſſance, par état, & par Religion, ennemis déclarés les uns des autres. Telle eſt la ſource de toutes les calamités ſanglantes, qui ont, depuis cette époque, dévaſté l'Univers ſous le voile ſacré de la Religion.

C'eſt une choſe bien digne de notre attention que la ſimplicité de cette origine de l'idolâtrie, que la moindre inſtruction des Prêtres eut pû détourner & prévenir, s'ils euſſent été bien intentionnés pour le Génre-Humain. Il

eft vrai qu'ils étoient ignorans & idolâtres eux-mêmes ; mais pourquoi ceux
qui prétendent ne l'avoir jamais été,
pourquoi ces fublimes Prophetes des
Hébreux qui fçavoient fi bien les chofes futures, n'en avertirent-ils pas les
peuples voifins, & les Ifraëlites eux-
mêmes, qui furent perpétuellement
idolâtres ? Au-lieu de s'élancer perpétuellement dans l'avenir, que ne por-
toient-ils un flambeau plus utile fur le
paffé, fans s'épuifer en injures ridicu-
cules contre les vaines Divinités des
Nations, qu'ils traitoient par-là eux-
mêmes comme des Etres réels ? Que
ne les anéantiffoient-ils par un mot
d'inftruction ? Le Dieu de ces prétendus infpirés, qu'ils font toujours paroître dans une colere implacable,
criant fans-ceffe à la vengeance, &
menaçant perpétuellement de punir les
Nations, & de brifer leurs idoles,
pouvoit-il être le vrai Dieu s'il lui
étoit plus facile d'exterminer que d'inftruire ?

L'on voit encore dans cette origine de l'idolâtrie, combien le germe funeste des guerres de Religion & de l'intolérance est ancien; c'est un reproche mal fondé que l'on a fait au Christianisme d'en avoir le premier montré la fureur; il ne seroit pas difficile de prouver que presque toutes les guerres, soit du Judaïsme, soit du Paganisme, ont eu des motifs religieux. Juvenal nous en fait connoître l'origine telle que je viens de la donner, lorsque parlant dans sa quinzieme Satyre des superstitions & des guerres civiles de deux peuples d'Egypte, il nous dit que ces peuples haïssoient mortellement les Dieux de leurs voisins, chacun étant persuadé qu'il n'y en avoit point d'autre que le sien.

Inde furor vulgo quod numina vicinorum
Odit uterque locus, cum solos credat habentes
Esse Deos, quos ipse colit.

Ce seroit actuellement un travail des
plus

plus curieux & des plus inftructifs, de
fouiller dans l'Antiquité, & dans la
Religion de tous les peuples, pour y
examiner les tournures fingulieres &
recherchées qu'il fallut prendre alors
pour accorder avec les nouveaux Préjugés qui fe formerent de toutes parts,
les anciens dogmes du Grand Juge, du
Jugement dernier & de la vie future;
dogmes puiſſans, qui, même en ſe
corrompant, ne s'éteignirent jamais
totalement.

Pour accorder l'invifibilité de l'Etre
Suprême, que la ſaine raiſon admet-
toit toujours, avec ſon emblême viſi-
ble, on relégua dans le Sanctuaire ces
idoles muettes & ſtupides; on rendit
les abords de ce Sanctuaire terribles &
diff es au vulgaire; on cacha juſqu'au
nom du Dieu Monarque; bientôt le
Préjugé s'imagina qu'on ne pouvoit le
prononcer ſans mourir.

Pour accorder un cérémonial avec
l'ancienne attente du Grand Juge à la

L

fin des temps, qui étoit dégénérée en
une attente réglée par tous les Périodes aftronomiques & aftrologiques, on
imagina des defcentes invifibles du
Grand Juge dans le Sanctuaire à la fin
des années, & autres révolutions périodiques & fabbatiques : on fit for-
tir du Temple fes emblêmes, pour les
promener une fois par an, ou une fois
par fiecle, afin de les montrer au peuple, tantôt derriere des voiles, tantôt
dans une obfcurité artificielle & tantôt environnés d'attributs effrayans ; &
ces jours folemnels devinrent pour les
uns des jours de trouble & d'effroi ;
pour d'autres, de confolation & de
réjouïffances, & pour tous, des jours
d'une extravagante fuperftition, * pour

---

* Au renouvellement de chaque année civile,
les juifs fe font toujours imaginés, & s'imaginent encore, que le Grand Juge exerce alors du
haut du Ciel un jugement fur tous les hommes ;
c'eft par là qu'ils expliquent toutes les auftérités
qu'ils pratiquent alors. *Cere. Relig. tom.* 3.

Il y a une infinité de peuples qui ont la même chimere, & qui en conféquence ont des Pé-

accorder l'immatérialité de l'Etre Suprême avec la grossiéreté du symbole

nitences & des Indulgences périodiques que leurs Prêtres leur administrent de la part de la Divinité. Les Japonois ont dans l'année un mois qu'ils appellent *le mois de l'arrivée invisible des Dieux.* Les Chrétiens ont un mois de l'année qu'ils appellent *Advent*, ce qui est la même chose ; c'est un temps de pénitence comme au Japon, dont l'ancien principe n'a été que de se préparer au Jugement de la fin de l'année, à l'arrivée du Grand Juge, & au renouvellement futur. Si les Chrétiens ont encore un Carême dans le Printemps, c'est que les Romains, dont ils ont pris en partie les coutumes, commençant leur année civile en Mars, pratiquoient leurs purifications & leurs expiations dans tout le mois de Février.

A Trichinapaly, le Dieu *Brama* descend une fois chaque année dans la Pagode ; quelques Théologiens du pays prétendent qu'il meurt & qu'il ressuscite chaque année. *Cer. Relig. tom. 6.*

A Jaghinat, ville du même pays, le Dieu sort une fois l'an de son Temple ; le peuple y accourt de l'extrémité de l'Inde ; l'idole montée sur un énorme char est promenée par la ville, & elle écrase sous ses roues tous ceux qui ont la dévotion de s'y faire rouer : c'est un grand bonheur de mourir ainsi ce jour-là, parce que c'est un jour de rémission, pendant lequel les portes de la vie future sont ouvertes. *Cer. Rel. t. 6.*

Les *Camis*, Divinités Japonoises du second ordre, ne sortent de leurs Temples & de leurs Chasses, qu'une fois par siècle : ce sont les Jubilés du pays. *Cer. Relig. t. 6.*

dans lequel on prétendoit qu'il réfi-
doit, ou qu'il venoit réfider en certains
temps, on inventa des Métamorphofes,
des Métempfycofes, des Incarnations,
& des Alliances myftiques, auffi abfurdes qu'impies, d'un Dieu avec des ma-
tieres groffieres, avec des animaux,
avec des hommes & des femmes; &
pour s'élever à tout ce qu'il y avoit de
furnaturel dans cette Religion figurée,
on fut obligé de defcendre à tout ce
qui étoit de plus déraifonnable.

Au Temple de la Déeffe de Syrie, où, comme nous l'apprend Lucien, on faifoit encore de
fon temps des commémorations du Déluge, la
Déeffe fortoit une fois l'an de fon Sanctuaire,
accompagnée de tous les Dieux, pour aller vifi-
ter dans un Lac fon poiffon favori. Jupiter par-
loit le premier; mais la Déeffe qui appréhendoit
que fon poiffon ne mourût ce jour-là, s'il voyoit Jupiter, engageoit ce Roi des Dieux, par
careffes & par prieres, à retourner fur fes pas.
Toutes ces cérémonies commençoient par les allarmes & la terreur; on pratiquoit des péniten-
ces outrées; les dévots fe déchiroient de la façon
la plus cruelle; mais le retour de Jupiter ra-
menant la joie & le plaifir, elle finiffoit par des
feftins & des réjouiffances. Ce n'étoit, comme
on voit, qu'une ridicule allégorie de l'apparti-
on du Grand Juge à la fin des temps.

Comme l'ignorance ne tarda pas à confondre tous les ufages religieux a-vec tous les ufages commémoratifs qui faifoient une partie de la Religion , & comme les repréfentations de l'ancien état du Genre-Humain , toutes fymboliques auffi, étoient réglées par les mêmes Périodes qui régloient le Cérémonial Théocratique, & tout ce qui avoit rapport aux dogmes facrés, il s'enfuivit encore de nouveaux égaremens & de nouvelles fables. Tous les différens fymboles de ces commémorations de l'hiftoire de la Nature, fe changerent infenfiblement en perfonnages illuftres, auxquels on prêta de grandes avantures mêlées de biens & de maux, de grandeur & de mifere; parce que les anecdotes de la ruine & du rétabliffement du Monde prenant une nouvelle face, devinrent néceffairement leurs Légendes. L'intérêt que prit le Genre-Humain au fort de ces emblêmes perfonifiés, fit qu'on les confondit bientôt avec les emblêmes du Grand Juge, qui se perdit dans la foule; & même les uns & les autres paroissent & disparoissent dans les mêmes temps; on crut quelles étoient les mêmes, qu'elles avoient rapport au même objet, & on les divinisa.

Par ces nouvelles méprises, la vie du Dieu Monarque & du Grand Juge, se trouva ornée de tous les détails historiques des fêtes commémoratives. Ce fut le Soleil éteint & ranimé que l'on adora; ce fut le Monde détruit & rétabli qui devint l'"objet du culte public, sous le nom des *Osiris*, des *Atys*, des *Adonis*, des *Bacchus*, &c. L'on s'imagina que ces Dieux étant autrefois descendus sur la Terre pour y faire du bien aux mortels, pour les civiliser, & leur donner des Loix, avoient éprouvé dans leur vie humaine de grandes traverses, qu'ils avoient succombé sous des ennemis puissans, mais qu'après leur mort, qui avoit été cruelle,

ils étoient tous glorieusement ressusci-
tés : par là la folle Antiquité se plon-
geant de plus en plus dans l'erreur,
prépara pour les siecles à venir une
nouvelle idolatrie; car les usages d'où
sortirent ces absurdités, ayant eu primitivement pour objet des institutions
sur l'avenir, aussi-bien que les commémorations du passé, on crut voir dans
ces fausses histoires, & dans ce culte
défiguré, les événemens futurs, les
traverses, & les grandeurs de ces chimériques personnages, qui prirent dans
l'esprit des peuples la place de cet ancien Grand Juge que l'on avoit atten-
du autrefois.

On attendit donc de nouveaux *Osiris*,
& de nouveaux *Adonis*, qui devoient
avoir le même sort que les anciens, &
éprouver tous les maux & tous les
biens qu'avoient déja éprouvés les premiers. Chaque Nation eut ainsi son attente particuliere, & se tint prête au
premier signe du Ciel, à se porter vers

un nouveau fanatifme, & vers de plus grandes extravagances.

Les Romains, tout Républicains qu'ils étoient, attendoient du temps de Cicéron un Roi prédit par les Sibylles, comme on le voit dans le Livre de la Divination de cet Orateur Philofophe; les miseres de leur République en devoient être les annonces, & la Monarchie univerfelle la fuite. C'eft une anecdote de l'Hiftoire Romaine, à laquelle on n'a pas fait toute l'atttention qu'elle mérite, & l'on ignore encore à quel point elle contribua aux grands événemens qui fe pafferent alors dans cette fameufe République.

Les Hébreux attendoient tantôt un Conquérant, & tantôt un Etre indéfiniffable, heureux & malheureux. Ils l'attendent encore avec un *Elie* & un *Enoch*, qui ne font, ainfi que lui, que des Grands Juges perfonifiés.

L'Oracle de Delphes, comme on le

voit dans Plutarque, * étoit dépositai-
re d'une ancienne & secrette prophétie sur la future naissance d'un fils d'A-
pollon, qui améneroit le regne de la
Justice; & tout le Paganisme Grec &
Egyptien avoit une multitude d'Oracles qu'il ne comprenoit pas, mais qui
nous décelent de même cette chimere
universelle. C'étoit elle qui donnoit
lieu à la folle vanité de tant de Rois &
de Princes qui prétendoient se faire
passer pour fils de Jupiter. Les autres
Nations de la Terre n'ont pas moins
donné dans ces étranges visions : les
Persans attendent *Ali* à la fin des temps;
les Chinois attendent un *Phelo*; les Ja-
ponnois, un *Peyrum*, & un *Combado-*
xi; les Siamois, un *Sommona-Codom*;
les Indiens du Mogol, un Dieu sous la
forme d'un cheval. Tous les Américains attendoient du côté de l'Orient,
(qu'on pourroit appeller le Pole de

* Vie de Lysandre.

l'eſpérance de toutes les Nations) des
enfans du Soleil; & les Mexicains en
particulier attendoient un de leurs anciens Rois, qui devoit les revenir voir
par le côté de l'Aurore, après avoir
fait ſon tour du Monde. Enfin, il n'y
a aucun peuple qui n'ait eu ſon expec-
tative de cette eſpece, à laquelle on
ne comprendroit rien, ſi mutuelle-
ment elles ne s'expliquoient les unes
par les autres, & ſi par le concours
des différentes anecdotes qui y ſont
jointes, elles ne dévoiloient qu'elles
ont eu toutes primitivement pour objet
l'attente d'un Grand Juge, du Jugement dernier & de la vie future à la
fin des temps, dont les ſymboles ont
été corrompus & perſonifiés dans une
très-haute Antiquité & ſous des noms
différens en chaque climat.

C'eſt encore par une ſuite de la mé-
priſe qui fit confondre les ſymboles allégoriques de l'hiſtoire de la Nature
avec les repréſentations du Dieu Mo-

narque, que les histoires de tous les Dieux, de tous les Législateurs se ressemblent par une multitude de traits singuliers; c'est que malgré la différence des noms, ils ne sont tous que le Dieu Monarque, dont les Légendes sont ornées des anecdotes de la Nature, rendues selon le sens corrompu que l'on donna aux anciens monumens, & aux commémorations devenues inintelligibles. Ces anecdotes ont été le moule commun où toute l'Anquité a fondu, pour ainsi dire, presque tous ses Dieux, ses Rois, ses Législateurs, ses Héros & ses grands hommes; aussi Macrobe les ramene-t-il tous au Soleil, tandis que d'autres les ramenent tous à Jupiter. Le sçavant Huet les voit tous dans Moïse, sans en excepter aucun, & plusieurs interpretes les ont tous vus dans Abraham. On a trouvé *Saturne, Mercure, Bacchus, & Apollon*, dans *Noé, Cham, Jacob, & David.* Enfin toutes les Divinités Payennes ont été

vues dans les Patriarches Hébreux, &
tous ces Patriarches fe voyent de même dans ces Divinités; cahos fingulier,
où tous les Sçavans fe font perdus,
mais qui n'a d'autre fource que la variété des noms, fuivant les langues &
fuivant les attributs de l'unique & ancien fymbole du Roi Théocratique,
qui, s'étant comme fécondé de lui-même, a rempli les annales de tous les
peuples.

Quand on confidérera l'idolatrie fous
ce point de vue, à peine fera-t-elle une
idolatrie; l'unité d'erreurs y décele à
chaque pas l'unité d'une vérité primitive, qui n'a été obfcurcie que par la
variété de fes noms & de fes titres.

SECTION XI.

Abus Politiques du Gouvernement Théo-cratique.

LE déplorable état dans lequel se plongea la Religion primitive du Genre-Humain, par les funestes suites de l'appareil Théocratique, nous peut faire juger de tous les désordres dont la police & l'administration civile dûrent être aussi défigurées. La Théocratie, en rendant l'homme idolâtre, le rendit encore esclave, barbare, & sauvage ; quel grand & sublime que paroisse un Gouvernement qui n'a d'autre point de vue que le Ciel, & qui prétend en faire son modele, il ne peut néanmoins avoir qu'un succès funeste sur la Terre, & un édifice politique construit ici-bas d'après une telle spéculation, a dû nécessairement s'écrouler & produire les plus grands maux.

Entre cette foule de fausses opinions dont nous avons déja vu en partie que la Théocratie remplit l'esprit humain, il s'en éleva deux encore infiniment contraires au bonheur de la Société, quoiqu'elles ayent été singuliérement opposées l'une à l'autre.

Le tableau qu'on se fit de la félicité du Regne Céleste, fit naître de fausses idées sur la liberté, sur l'égalité, & sur l'indépendance. D'un autre côté l'aspect d'un Dieu Monarque, si grand & si immense, réduisit l'homme presque au néant, & le porta à se mépriser lui-même, & à s'avilir volontairement. Par ces deux extrêmes, l'esprit qui devoit faire le bonheur de la Société, se perdit également. Dans une moitié, on voulut être plus qu'on ne pouvoit, & qu'on ne devoit être sur la Terre; & dans l'autre on se dégrada au dessous de son état naturel; enfin on ne vit plus l'homme, mais on vit paroître le sauvage & l'esclave.

Le deſſein des premiers hommes avoit
été cependant de ſe rendre heureux par
cette ſublime perſpective du regne du
Ciel, & il y a quelque apparence qu'ils
y avoient en partie réuſſi pendant un
temps, puiſqu'ils ont par la ſuite toujours chanté cette époque comme celle de l'âge d'or, du regne de la Juſtice, & tous les Poëtes ſe ſont épuiſés
pour célébrer à l'envie cette primitive
félicité. *Chacun étoit libre dans Iſraël,*
dit auſſi l'Ecriture, en parlant du commencement de la Théocratie Judaïque,
chacun faiſoit ce qui lui plaiſoit, & vi-
voit alors dans l'indépendance. *

Si ces temps merveilleux, où l'on
voit néanmoins le germe des abus futurs, ont exiſté, ce n'a pu être que
dans les abords de cet âge myſtique,
où le Genre-Humain, encore affecté
de ſes malheurs, étoit dans toute la
ferveur de la Morale & de la Reli-

* Juges, 17. 6.

gion; & comme dans l'héroïfme de la Théocratie. Mais cette félicité & cette juftice n'ont dû être que paffageres, parce que la ferveur & l'héroïfme, qui feuls pouvoient foutenir le furnaturel d'un tel Gouvernement, font des vertus momentanées, & des faillies religieufes qui n'ont jamais de durée fur la Terre.

Si la Théocratie célefte doit être un jour là-haut un état conftant de juftice, de liberté & de béatitude, il n'en eft pas de même d'une Théocratie terreftre, où le peuple ne peut qu'abufer de fa liberté, & où ceux qui commandent ne peuvent qu'abufer du pouvoir du Ciel; ainfi il eft vraifemblable que ce Gouvernement s'eft perdu dans ces deux excès. Par l'un, tout l'ancien Occident a changé fa liberté en brigandage, en une vie errante & tout-à-fait fauvage; par l'autre, tout l'ancien Orient s'eft afservi à des Tyrans.

Les peintures que les Anciens nous ont

ont faites du siecle, d'or, de la simplicité & de l'indépendance dans laquelle on y vivoit, m'ont toujours paru a-
voir un tel rapport avec l'état des A-
méricains, que j'ai peine à m'empêcher de regarder la décadence du Regne Théocratique comme l'époque du
genre de vie que menent depuis tant
de siecles tous les peuples de cette vafte contrée: non que je croye que le
Gouvernement Théocratique ait été
dans son origine aussi brut & aussi sauvage; mais je me le représente assez
peu fixe, & assez peu déterminé, pour
que les Américains, qui semblent avoir
toujours été plus simples que les autres
peuples de la Terre, ayent pu tomber
dans les désordres dont nous venons de
parler, en se rendant tout-à-fait libres,
indépendans, & Sauvages. Je suis
d'ailleurs assez porté à croire que
leur maniere de vivre n'est qu'acciden-
telle, & qu'elle dépend bien plus de
leurs Préjugés que de cet état de natu-

re que je regarde comme une chimere.
» La multitude des traditions & des ouvrages Théocratiques que j'ai trouvés chez les plus barbares de cette Religion, eſt, ſelon moi, un ſort indice de leur origine, de leur vie ſinguliere, & en même temps une preuve preſque autentique qu'aucun de ces peuples n'eſt dans ſon état primitif & naturel, mais qu'ainſi qu'il eſt arrivé dans toutes les autres parties du Monde, ils ont autrefois vécu ſous ce Gouvernement myſtique, d'où l'eſclavage ou le brigandage ont dû ſortir, ſelon que le génie des Nations aura concouru avec la nature de leurs climats, pour rendre ces effets de l'ancienne Théocratie plus ſenſibles.

Jettons pour la ſeconde fois un coup d'œil ſur la naiſſance du Chriſtianiſme qui l'a renouvellée en partie. Que ſeroient devenus tous les zélés de la primitive Egliſe, ſi on ne leur eût pas bâti des retraites au milieu des Sociétés, dans ces temps de phrénéfie où l'attente du regne du Ciel leur faifoit tout abandonner fur la Terre, & lorfqu'ils ne vouloient plus être des hommes, mais des Anges ? Que font devenus tant de milliers d'Hermites qui vécurent alors en vrais Sauvages dans les déferts de la Thébaïde ? Qui fçait fi dans les déferts de l'Afrique il n'y a pas encore aujourdhui quelques-uns de leurs defcendans, qui y mangent de la chair humaine :

On célebre beaucoup une ville d'O-xiringue * qui n'étoit compofée que de Moines, foit au dedans, foit au dehors: on y en comptoit dix mille, ainfi que vingt mille Vierges, fans ceux qui étoient difperfés dans les montagnes voifines, où il y en avoit plus de quarante mille. Si dans cette quantité nous n'en fuppofons qu'un par centaine qui fût dégoûté de fon état, n'en réfulteroit-il

---

* *Hift. Ecclef.* t. 5. p. 25.

pas une quantité d'hommes & de femmes suffisante pour avoir depuis dix-huit siecles peuplé toute l'Afrique de Barbares?

Quand on veut être sur la Terre plus qu'un homme, l'humanité est bientôt perdue. Les Communautés Religieuses qui parurent ensuite dans toutes les parties de l'Empire Romain, formeroient le tableau contraire à celui-là; si nous voulions les étudier & les suivre, nous y verrions l'homme animé des mêmes faux principes, faire le sacrifice imbécille de sa liberté & de sa volonté, & donner lieu par là à la servitude des Cloîtres & au Despotisme Monacal ; mais il me suffit d'avoir fait apercevoir ces doubles abus & leurs principes. C'est sur une plus grande scene qu'il faut continuer de nous instruire de tous les maux qu'ont produit la Théocratie & les Gouvernemens, qui, comme elle, ont affecté d'imiter le Regne du Ciel.

L'hiftoire de l'Orient & le caractere des Orientaux, femblent devoir nous
faire penfer que dans ces climats les
Théocraties fe font moins corrompues
par le brigandage des peuples, que par
les tyrannies de leurs Miniftres. Les
Symboles, les Coffres, les Arches &
les Idoles par lefquelles on y repréfen-
toit le Grand Juge, n'étoient rien;
mais les Officiers qu'il fallut leur donner étoient des hommes, & non des
créatures céleftes, incapables d'abufer
d'une adminiftration qui leur donnoit
tout pouvoir. Quoique Dieu fût l'u-
nique Roi de la Société, comme il n'y
a aucun pacte ni aucune convention à
faire avec un Dieu, la Théocratie dès
fon inftitution & par fa nature fut un
Gouvernement Defpotique, dont le
Grand Juge étoit le Sultan invifible, &
dont les Prêtres étoient les Vizirs &
les Miniftres, c'eft-à-dire, les Defpotes réels.

De tous les vices politiques de la

Tréocratie, voilà le plus fatal, & celui qui prépara la voye au Despotisme Oriental, & à l'horrible servitude qui en fut la suite. C'est ici que le Lecteur doit sentir que je n'aurois pu l'amener à cette fatale époque, si, avant de lui parler de ce Gouvernement, je n'eusse pas commencé par lui faire connoître les erreurs morales & religieuses, sorties des Théocraties, & si je ne lui avois exposé ce qui leur avoit donné lieu, en lui dévelopant cette grande chaîne de tous les égaremens des hommes.

Quoique la Théocratie fût par elle-même & dès sa naissance un véritable Despotisme, il est vraisemblable, cependant, que les premiers âges ne se sont point sentis des abus qui devoient en naître un jour. Nous pouvons le croire, parce que les nouveaux établissemens sont ordinairement soutenus par la ferveur, & parce qu'il en étoit resté un souvenir qui fut toujours cher à tou-

tes les Nations ; les Ministres visibles
auront, sans doute, été dignes de leur
Maître invisible, au moins pendant un
certain temps ; mais puisqu'au milieu
de la servitude qui regne aujourdhui
& depuis tant de siecles dans l'Orient,
les hommes y sont encore universelle-
ment dociles & soumis, ce doit être
une preuve que les Ministres y ont abusé de leur puissance avant que les peuples ayent abusé de leur liberté.

Par le bien que les Prêtres auront pu
faire d'abord, les hommes se seront
accoutumés à reconnoître en eux un
pouvoir divin & suprême ; par la sagesse de leurs premiers conseils, on se
sera habitué à leur obéir, & chacun
se sera soumis sans peine à leurs oracles
& à leurs révélations. Peu à peu une
confiance extrême aura sans doute produit une extrême crédulité ; l'homme
prévenu que c'étoit un Souverain immuable qui vouloit & qui comman-
doit, aura cru ne devoir point résister

à tous ces prétendus organes de la Divinité, lors même qu'ils ne faisoient plus que du mal. Arrivé par cette gradation à ce point de déraison de méconnoître son état, sa nature, & sa dignité, l'homme dans sa misère n'osa plus lever les yeux vers le Ciel, encore moins sur ses Tyrans; un fanatisme aveugle le rendit esclave, & il crut enfin devoir honorer son Dieu & son Monarque en se dégradant & en s'anéantissant.

Telle a été vraisemblablement la marche de cet esclavage volontaire qui a avili le Genre-Humain.

Ces malheureux Préjugés forment encore la base de tous les sentimens & de toutes les dispositions où sont les peuples Orientaux envers leurs Souverains. Ils s'imaginent que le Diadême a de droit divin le pouvoir de faire le bien & le mal, & que ceux qui le portent ne doivent trouver rien d'impossible dans l'exécution de leurs vo-

lontés. S'ils souffrent, s'ils sont malheureux par les caprices féroces d'un
Barbare, ils se soumettent alors aux
vuës d'une Providence impénétrable;
& par cent interprétations dévotes &
mystiques, ils cherchent la solution des
procédés illégitimes & cruels dont ils
sont tous les jours les victimes. *

Le Sacerdoce Théocratique, devenu
Despotique à l'abri des sacrés préjugés
des Nations, couvrit la Terre de Tyrans. Les Prêtres seuls furent les Souverains du Monde, & rien ne leur ré-
sistant, ils disposèrent des biens, de
l'honneur & de la vie des hommes. Les
temps qui nous ont dérobé l'histoire
des Théocraties, ont, à la vérité, jet-
té un voile épais sur les forfaits de leurs

---

* Les Turcs sont dans l'idée que leur Sultan
peut, sans pécher, faire mourir tous les jours
jusqu'à quatorze personnes; ils croyent que lorsque leur Tyran ordonne la mort d'un de ses
sujets, il ne fait que suivre des inspirations particulieres de la Providence, auxquelles on ne
peut résister sans crime. *Voyez l'Hist. de l'Empire Ottom. du Prince Cantemir.*

Miniftres ; la Théocratie Judaïque peut, cependant, nous en faire coŋnoître quelques traits. Elle nous expofe quelle fut l'abominable conduite des Prêtres Hébreux fur la fin de ce Gouvernement. Ils ne rendoient plus alors aucune juftice aux peuples ; leur vie n'étoit qu'un brigandage ; ils enlevoient de force & dévoroient en entier toutes les victimes qu'on venoit offrir au Dieu Monarque, qui n'étoit plus qu'un prête-nom ; leur incontinence égalant leur gourmandife, ils dormoient, dit la Bible, avec les femmes qui venoient veiller à l'entrée du Tabernacle. Cette derniere anecdote, fur laquelle l'Ecriture gliffe fi légérement, & fans nous en faire connoître les fuites, eft néanmoins dans l'histoire du Sacerdoce, celle qui en eut le plus chez toutes les Nations, & chez les Hébreux eux - mêmes, quoiqu'ils nous les ayent cachées ou palliées par d'autres fables.

Les Prêtres en vinrent à ce comble

d'impiété & d'infolence , de couvrir
jufqu'à leurs débauches du manteau de
la Divinité. C'eft d'eux que fortirent
une nouvelle race de Créatures, qui
ne connurent d'autre pere que Dieu ,
que le Ciel, que le Soleil, & que les
Dieux , & d'autres meres que les miférables victimes, ou que les coupables
affociées de l'incontinence Sacerdotale.
Toutes les Nations virent alors paroître les *demi-Dieux* & les Héros, dont
la naiffance illuftre & les exploits glorieux porterent les hommes à changer
leur ancien Gouvernement, & à paffer
du regne de ces Dieux qu'ils n'avoient
jamais pu voir, fous celui de leurs prétendus enfans, qu'ils voyoient au milieu
d'eux. Evénement fingulier, où l'incontinence du Sacerdoce lui donnant
des Maîtres, fit naître la révolution
qui mit fin au Regne Célefte, & fit
commencer cet âge des *demi - Dieux* ,
que toute l'hiftoire férieufe a cru juf-

qu'à préfent devoir retrancher des annales du Monde.

SECTION XII.

Les Théocraties produifent le Defpotifme.

FAtigués du joug infuportable qu'im-
pofoient les Miniftres du Roi Théocratique, & tourmentés par les brigands
que les défordres de la Police avoient
produits dans toutes les contrées, les
hommes chercherent enfin à fe mettre
à l'abri de tant d'ennemis en réformant
leur Gouvernement ; ils penferent qu'il
n'y auroit pas de meilleur moyen que
de revenir à l'unité, en remettant entre les mains d'un feul toute l'autorité
qu'avoient exercée jufqu'alors les familles Sacerdotales.

Ce paffage de la Théocratie au Gouvernement qui la fuivit, a pu fe faire
chez les divers peuples du Monde en

divers temps , & les événemens qui
l'ont amené, ont pu être différemment
modifiés & circonſtanciés. On pourroit peut-être ſoupçonner que les anciennes Théocraties ont dès-lors pu
donner lieu à la formation des Républiques; mais après la triſte expérience des maux qui étoient réſultés de
l'adminiſtration de pluſieurs, il eſt
vraiſemblable qu'il n'y eut alors aucune Société qui prit le parti Républicain; ainſi je ne préſume point que
l'on puiſſe jamais trouver dans cette
révolution l'époque de ce genre de
Gouvernement.

Quoique les Nations fuſſent dégou-
tées du miniſtere des Prêtres de la Théocratie, elles ne perdirent point, néanmoins, de vue cette ancienne chimè-
re. Toujours religieuſement affectées
pour elle, elle ne la quitterent pas même en ſe donnant un Roi, & elles s'i-
maginerent qu'elles ne faiſoient en cela
que réformer la multitude des organes

du Dieu Monarque, qu'elles continuerent de regarder comme leur feul &
véritable Roi. Toutes les Nations ne
fe donnerent un Maître mortel, que
dans l'image & la repréfentation du
Monarque invifible, en qui elles firent
encore réfider le pouvoir fuprême,
comme elles avoient toujours fait jufqu'alors. Ceci fe confirme fans peine
par le titre faftueux d'*image de la Divinité*, qu'ont foigneufement confervé
les Rois de la Terre; nous verrons
dans peu ce qu'étoit ce titre dans fon
origine.

Avec de telles préventions fur le
Gouvernement d'un feul, on peut juger combien les Nations étoient encore éloignées du parti Républicain ;
auffi la haute Antiquité nous apprend-
elle qu'on n'y connoiffoit que le Gouvernement Royal, & qu'on n'y avoit
aucune idée d'un Etat populaire. Tout
l'Orient eft encore aujourdhui dans le
même cas : on ne peut y comprendre

ce que c'est que nos Républiques d'Europe, & on les regarde comme des Sociétés monftrueufes. Préjugé qui n'a d'autres principes que les anciennes idées Théocratiques, qui ne fe font jamais effacées dans cette partie du Monde.

Nous pouvons eftimer que dans certaines contrées, le Grand-Prêtre de la Théocratie aura pu lui-même en devenir le Defpote, en abaiffant les ordres inférieurs qui dépendoient de lui. Ce foupçon pourroit être confirmé par ces divers Etats de l'Afie ancienne & moderne, où le Souverain Civil eft encore le Souverain Eccléfiaftique. Néanmoins l'union de ces deux Puiffances a pu venir de toute autre caufe ; comme, par exemple, du fentiment de cette vérité, qu'un Roi étant le premier de l'Etat, doit néceffairement être le premier Prêtre, comme il eft le premier Général, le premier Magiftrat, en un mot le premier dans les différens ordres qui compofent la Société. Ainfi il a pu fe faire que les nouveaux Rois ayent été déclarés auffi les Chefs de la Religion, quoiqu'ils ne faffent point de famille Sacerdotale.

Les hommes, toujours portés vers l'unité & la fimplicité, ont fenti dans tous les temps combien plufieurs Puiffances étoient dangereufes dans un même Gouvernement.

Ceci ne doit pas nous empêcher de reconnoître encore qu'il y eut différens Etats où la révolution qui produifit l'autorité civile d'un feul, laiffa au Sacerdoce toute la police des chofes facrées, & le foin de tout ce qui concernoit la Religion. L'ancienne hiftoire du Japon & de plufieurs autres peuples nous en ont confervé des exemples; mais cette conduite fut pour ces Etats une fource de diffenfions & de difputes entre les deux Puiffances, qui toutes deux eurent leurs titres pour prouver qu'elles régnoient de droit divin.

Ceux

Ceux fur qui la plûpart des peuples jetterent les yeux alors pour fe donner des Maîtres vifibles , furent vraifem-blablement, comme nous l'avons infi-nué ci-deffus, ces demi - Dieux & ces Héros, enfans des anciens Rois Théo-cratiques, c'eft-à-dire, des Prêtres.

Le concours des traditions de la plus haute antiquité, qui font toutes fuccé-der leurs époques à celle des Dieux, porte fur les temps mythologiques une lumiere hiftorique dont il eft difficile de ne pas fentir ici toute la force. Les rayons de la Divinité que les peuples s'imaginerent reconnoître dans ces hom-mes merveilleux , dûrent en effet les porter à avoir pour eux une profonde vénération. D'un autre côté , pour foutenir l'honneur de leur naiffance , ces demi-Dieux chercherent fans doute à fe rendre utiles ; & comme leur naif-fance même nous dévoile quel étoit l'affreux défordre où la Police & la Religion étoient tombées de leur temps,

N

ils ne manquerent point d'occasions
d'acquerir de la gloire & de gagner
l'affection des hommes, en faisant la
guerre aux Tyrans, en exterminant les
brigands, & en purgeant la Terre de
tous les monstres qui l'infectoient. La
Mythologie profâne confirme singuliérement cette gradation d'événemens ;
c'est de ces demi-Dieux & de ces Héros dont elle a fait des Destructeurs de
voleurs & de Géans, & des Preux in-
comparables, qui, comme les Paladins
de nos Antiquités Gauloises, couroient
le Monde pour l'amour du Genre-Humain, afin de rétablir par-tout le bon
ordre & la société. Notre Mythologie
sacrée, malgré tous ses voiles mystérieux, ne nous a pas fait moins entrevoir
ces anciennes vérités. Plusieurs de ces
Héros & de ces Juges de la Théocratie Judaïque, qui s'élevoient de temps
en temps pour tirer leurs citoyens de
la servitude où leur mauvais Gouvernement les faisoit tomber à chaque instant,

ont été les enfans des femmes ftériles
qui devenoient miraculeufement encein-
tes, après avoir invoqué le Seigneur
devant l'Arche, ou devant le Sanctuaire. Tels furent, entr'autres, un
Samfon, dont la mere * fut fécondée
par les paroles d'un homme de Dieu,
& un *Samuël* qui vint à la lumiere,
après les confolations que le Grand Prêtre *Héli* † donna à la femme d'*Eleana*.
On ne peut raconter avec plus de décence que fait la Bible, des actions
auffi indécentes; mais il faudroit être
aveugle pour n'y pas apercevoir toute
l'iniquité du myftere.

L'époque des Rois que les annales
Payennes font fuccéder aux regnes des
demi-Dieux, & dont elles font fouvent
une troifieme époque qu'elles diftinguent de la feconde, comme elles ont
auffi diftingué cette feconde de la pre-

---

* *Juges chap.* 13.
† *Rois chap.* I.

miere, c'eſt-à-dire, de celle des Dieux, ne doit pas, je penſe, être regardée comme tout-à-fait diſtincte & diſſemblable ſous les regnes des demi-Dieux & des Rois. Ce furent également des hommes, qui devinrent les repréſentans de la Divinité ; au lieu que ſous les regnes des Dieux, les repréſentans n'avoient été que des pierres, des ſtatues, & divers autres objets bruts ou inanimés, qui rappelloient l'inviſible Monarque, dont les Prêtres étoient les Miniſtres.

Pour expliquer la diſtinction que ces annales ont cependant miſe entre les deux dernieres époques, on peut dire que de ces demi-Dieux ſortirent diverſes générations, qui regnerent ſur la Terre avec le titre de *race des Dieux*, qu'elles avoient hérité de leur premiere origine, & que ces races divines s'étant éteintes avec le temps, furent remplacées par d'autres Rois de race ordinaire.

Quoi qu'il en soit, il paroît en général que ces deux époques se sont souvent confondues, qu'elles n'ont eu
qu'une séparation fort indéterminée,
& que les temps qui distinguent la Mythologie d'avec l'histoire, sont très-
vagues & très-incertains. C'est l'incertitude où l'on a toujours été sur ces
limites, qui a, suivant les apparences,
fait mettre au nombre des Rois de la
Chine, de l'Egypte, de la Grece, de
l'Italie, de tous les peuples enfin, &
même des Juifs, une multitude de personnages dont l'histoire fabuleuse ne
paroît appartenir qu'à la Mythologie
des Dieux & des demi-Dieux.

Le Gouvernement du Dieu Monarque, & la révolution qui arriva dans
l'administration Théocratique, se cachent donc chez tous les peuples dans
une nuit profonde, & il ne nous reste
que les Hébreux, enrichis des dépouil-
les de l'Egypte, chez qui nous puissions retrouver quelques traces de cette

N 3

mutation, des caufes qui la produifirent, & des fuites qu'elle eut pour tout le Monde.

Samuël étant devenu vieux, * fes deux enfans, nommés Joël, le *Dieu Fort*, & Abiah, le *Dieu Pere*, commirent une infinité d'excès, & gouvernerent Ifraël d'une maniere fi tyrannique, que les peuples s'étant émus, les Anciens s'affemblerent & députerent vers Samuël pour lui porter leurs plaintes ameres, & pour lui demander, au nom du peuple, un Roi qui les gouvernât, qui les jugeât, & qui pût marcher à la tête de leurs armées. Samuël crut alors devoir leur repréfenter, qu'ils fe plongeroient par-là dans une fervitude plus cruelle. „ Le Roi que vous de-
„ mandez, dit-il, enlevera vos enfans
„ pour en faire fes Officiers & fes Eu-
„ nuques. Il vous chargera de pefans
„ fardeaux. Vous ferez obligés de la-
„ bourer les champs, de faire fes moif-

* IV. Rois chap. 7.

„ fons, & de travailler à fes armes,
„ à fes meubles, & à toutes fes fuper-
„ fluités. Ce Roi prendra vos champs,
„ vos oliviers, & vos vignes pour fa-
„ tisfaire fa cupidité & celle de fes
„ Miniftres ; vos troupeaux feront les
„ fiens ; tout votre bien lui appartien-
„ dra, & vous-mêmes à l'avenir ne
„ ferez plus que fes efclaves. " Tel
fut à cette occafion le fameux difcours
de Samuël, fur lequel on a fait depuis
de fi fréquens commentaires ; la flatte-
rie & la baffeffe y ont trouué un vafte
champ pour faire leur cour aux Tyrans ;
la fuperftition y a vu un fujet digne de
fes rêveries myftiques ; mais perfonne
n'a connu l'efprit Théocratique qui le
dicta. Samuël, en le prononçant, ne
fit aucune attention à la différence extrême qu'il y avoit entre le noûveau Gouvernement que le peuple demandoit,
& celui qu'il défiroit de quitter. Comme le premier, fous les ordres du Dieu
Monarque, avoit été un regne fous le

quel on avoit pensé qu'il n'y avoit point
de milieu entre le Dieu regnant & le
peuple, que ce Monarque étoit tout,
& que le sujet n'étoit rien, Samuël
imbu de ces principes trompeurs parla
au peuple sur le même ton, & appli-
qua à l'Homme Monarque que l'on demandoit, toutes les idées que l'on a-
voit eues sur la puissance, & sur l'autorité suprême du Dieu Monarque. Le
peuple lui-même n'y fit aucune attention, & sans s'effrayer de l'odieux tableau que Samuël venoit de lui faire du
Chef qu'il vouloit avoir, *N'importe*,
s'écria-t-il, *il nous faut un Roi qui marche devant nous, & que nous puissions voir
combattre à la tête de nos armées.*

Pour démêler ici les motifs de cette
étrange conduite de Samuël & de son
peuple, & prévenir l'idée qu'on seroit
prêt d'avoir, qu'il y a eu des Nations
qui se sont volontairement & de propos
délibéré soumises à l'esclavage, il faut
se rappeller ce que j'ai dit précédem-

ment, que les hommes en rejettant le
ministere des Prêtres, n'abandonnerent
point pour cela le plan du Gouvernement
Théocratique, dans lequel on repréfen-
toit le Dieu Monarque par des fymboles. Ce ne fut alors que le fymbole
que l'on changea; au lieu de ces différentes figures muettes ou inanimées
qu'on alloit confulter, & dont l'ordre
Sacerdotal avoit abufé, en les faifant
parler felon fes intérêts, on voulut a-
voir un fymbole actif & vivant, qui
poffédant par lui-même l'organe de la
parole, fit connoître, par une voie plus
courte & plus directe, les ordres du
Dieu Monarque.

La premiere élection des Rois ne fut
donc point une véritable élection, ce
ne fut qu'une réforme dans la Théocratie, & dans l'image de la Divinité.
Le premier homme dont on fit cette
image n'y entra pour rien; ce ne fut
point lui que l'on confidéra; l'efprit &
l'imagination du peuple refterent tou-

jours fixés fur le Monarque invifible
& Suprême, & les hommes obfédés
de leurs anciens Préjugés, ne fonge-
rent point à faire un traité particulier,
ou à propofer des conditions refpecti-
ves à celui de leurs femblables qui devint, par cette révolution, le maître
des autres.

Ils ne prévirent point alors qu'en
prenant un mortel pour repréfentant
de la Divinité, fans le foumettre à la
raifon publique, & aux Loix commu-
nes de la Société, c'étoit fe donner un
Tyran ; & ils ne réfléchirent point,
que fi ce mortel étoit l'emblême d'un
Dieu, il ne falloit point pour cela
confondre l'Etre Suprême avec fa fra-
gile repréfentation.

Tant d'abfurdes méprifes, toujours
caufées par la fuperftition & par l'oubli de la raifon, furent, comme on
peut déja le prévoir, la fource de mille maux.

Dans les Théocraties précédentes

les Nations s'étoient déja rendues idolâtres, parce qu'elles traiterent Dieu comme un homme ; nous allons bientôt les voir devenir esclaves dans cette nouvelle Théocratie, parce qu'elles traiterent l'homme comme un Dieu.

Les Sociétés s'étant ainsi décidées à représenter au milieu d'elles leur Dieu Monarque par un mortel, la plûpart ne mirent dans leur choix d'autre précaution que de choisir l'homme le plus beau & le plus grand. Saül surpassoit de la tête tout Israël * assemblé à Maspha. Les Scythes, & les Indiens, disent aussi nos anciens Auteurs, † prenoient pour Roi celui dont la taille étoit la plus haute & la plus avantageuse. Ainsi en ont longtemps agi presque tous les peuples du Monde : ils prenoient bien plus garde aux qualités du corps qu'à celles de l'esprit, parce qu'il ne s'agissoit uniquement dans ces

* 1. R. 9. 10.
† *Diod. de Sicile. Strabon. Q. Curce.*

premieres Elections que de voir la Divinité sous une apparence qui répondît à l'idée qu'on se formoit d'elle, & que, pour la conduite du Gouvernement, c'étoit moins sur le représentant que sur le Monarque invisible que l'on comptoit toujours. Les Rois, ces superbes images de la Divinité, n'ont été dans leur véritable origine, rien de plus aux yeux & à l'esprit des peuples, que ce qu'étoient avant eux ces pierres, ces idoles, ces bœufs & ces coffres, qui avoient été regardés de même comme le siege & les symboles du Dieu Monarque.

Le peuple Hébreu ne se fut pas plutôt donné un Roi, qu'il négligea son Arche mystérieuse, que l'on avoit toujours portée dans la Théocratie à la tête d'Israël, comme le char & le siege du Dieu Monarque, tant de fois appellé *le Dieu des Combats.* La prise de cette Arche par les Philistins, en avoit déja, sans doute, dégouté les

Ifraëlites qui l'avoient crue invincible, & cet événement a dû fortement contribuer à leur faire défirer d'avoir un fymbole actif & vivant à la tête de leurs armées, puifqu'auffi-tôt qu'ils en eurent un de cette efpece, l'autre devint inutile & ne marcha plus jamais. Il en fut vraifemblablement de même par-tout ailleurs, & tous les hommes s'imaginerent avec une égale fimplicité, que le Dieu Monarque révéloit fes volontés à fes fymboles vivans, comme il les avoit autrefois révélées aux fymboles muets & infenfibles de la Théocratie précédente. Ils ne furent cependant pas affez imbécilles pour croire qu'un mortel ordinaire pût avoir ce grand privilege, mais comme on avoit dès auparavant imaginé des moyens de donner cette vertu aux anciens fymboles, on les pratiqua envers les nouveaux, on employa les mêmes confécrations, & l'on oignit les Rois parce qu'on oignoit autrefois les pierres. Par cette cérémonie tout devint égal entr'eux, tout parut dans l'ordre; & le symbole humain devenant capable d'inspiration, se trouva de même changé dans l'esprit des peuples.

Saül ne fut pas plutôt sacré, dit la Bible, que l'Esprit de Dieu se saisit de lui & qu'il prophétisa. Toutes les cérémonies du Sacre des Rois sont sorties de cette source absurde & idolâtre. Cette communication de l'Esprit d'en-haut avec le Monarque, est encore aujourdhui chez toutes les Nations un des points essentiels de l'inauguration à la Royauté; elle change le sujet élu en un autre homme, ou plutôt elle fait qu'il ne se croit plus un homme. Il n'est pas jusqu'aux Sauvages * de l'Amérique dont les Prêtres soufflent au nez des nouveaux Chefs une fumée mystique avec un camouflet, en leur disant, *Recevez l'esprit de courage.*

Par toutes ces extravagances accu-

* Le Pere Laffiteau.

mulées les unes fur les autres, il eft actuellement plus que démontré, que dans le nouveau genre de Gouvernement que les hommes adopterent, ils porterent toujours leurs anciennes chimeres du regne du Ciel, qui avoient donné lieu aux Théocraties précédentes. Séduits par la force de leur imagination, & corrompus par les Préjugés qu'ils avoient reçus de leurs ancêtres, les hommes continuerent d'oublier qu'ils étoient fur la Terre, qu'ils avoient une raifon qui devoit être leur guide & leur premier confeil en tout; & s'abandonnant fans réferve à une fuperftition abfurde & criminelle, ils fe foumirent aveuglément à des Tyrans, comme ils s'étoient déja foumis aux Prêtres, & ils perfifterent dans cette folle idée, que les uns & les autres ne gouvernoient le Monde que par des infpirations & des révélations du Ciel.

La premiere élection des Rois ne put guercs fe faire dans les Sociétés Théo-

cratiques fans exciter & produire beaucoup de tumulte & de divifions entre
les Prêtres qui fe virent alors comme
détrônés, & le peuple qui fe donna de
nouveaux Maîtres.   Le Sacerdoce dût
y voir la caufe du Dieu Monarque in-
téreffée ; l'élection d'un Roi étoit vis-
à-vis de lui, c'eft-à-dire, vis-à-vis des
Prêtres, une rébellion & une idolatrie.
Que de raifons pour tourmenter le
Genre-Humain !

   L'Ordre Sacerdotal fut donc le premier ennemi des Empires naiffans, &
depuis ces temps jufqu'à nos jours, l'on
n'a jamais ceffé de voir les deux Di-
gnités fuprêmes toujours oppofées &
toujours antipatiques, lutter l'une contre l'autre, fe difputer la primauté,
fe donner alternativement des limites
& des bornes idéales, fur lefquelles ces
deux Puiffances ont alternativement
empiété, felon qu'elles ont été plus ou
moins fecondées & favorifées par les
peuples indécis, l'une par la fuperftition,

tion, & l'autre par le progrès des connoissances.

Ce sera, sans doute, un jour, un
ouvrage bien intéressant, que l'histoire
que l'on pourra faire de la marche de
ces deux Puissances rivales, si l'on y
fait remarquer avec soin leurs pertes &
leurs succés réciproques, toujours pro-
portionnés aux lumieres graduelles des
siecles, sur-tout dans nos climats, où
malgré l'amas des nuages qu'y ont autrefois poussé les superstitions Asiatiques, la bonté du sol les repousse peu
à peu, pour y reproduire la raison &
la sérénité.

Les anciens symboles de pierre, &
de métal, qu'un respect d'habitude
laissa subsister, quoiqu'alors on eût dû
les supprimer, puisque les Rois en tenoient lieu, resterent sous la direction
des Prêtres, qui n'eurent plus d'autre
occupation que celle de les faire valoir
de leur mieux, & d'attirer de leur côté, par un culte religieux, les peuples

O

qu'un culte politique attiroit puiſſam-
ment vers un autre objet.

Dans les commencemens de la Royauté, la diverſion dût être forte.
L'Arche d'Alliance fut pendant dix années dans une grange, & comme aban-
donnée du peuple d'Iſraël; mais à la
fin, l'ancienne vénération ſe ranima;
les déſordres des Princes diminuerent
l'affection du trône; les hommes re-
tournerent aux Autels, & aux Oracles; ils rendirent au Sacerdoce preſque toute ſa premiere autorité; les Prêtres dominerent ſur les Rois mêmes;
les ſymboles de pierre commanderent
aux ſymboles vivans; la conſtitution
des Etats devint double & incertaine;*

---

* Entre mille exemples qu'on en pourroit donner, le Gouvernement des Juifs a toujours été
un Gouvernement bizarre; ſous les Rois comme
ſous les Juges, ils regardoient ſouvent Dieu comme leur véritable Monarque; ils avoient une
foule de Prophetes & d'Inſpirés, qui venoient
dicter aux Rois les arrêts de leur Dieu, & leur
preſcrire arrogamment la conduite qu'ils devoient
tenir tant en paix qu'en guerre. On peut re-

la réforme que les Prêtres crurent avoir faite dans leurs anciens Gouvernemens, ne servit enfin qu'à joindre une Théocratie civile à la Théocratie sacrée, c'est-à-dire, à rendre les hommes plus malheureux, en doublant leurs chaînes, & en multipliant leurs Tyrans avec leurs Préjugés.

Nous avons ci-devant exposé quelle avoit été la mauvaise administration

marquer ce passage d'un Prophete qui annonce aux Juifs, qu'ils vont être assujettis à Sésac Roi d'Egypte; » Alors, leur dit-il, vous apprendrez » la différence qu'il y a entre mon joug & ce- » lui des Rois de la Terre; *Distantiam servitutis meæ, & servitutis Regni Terrarum.* Cependant cette menace étoit faite sous les regnes des Rois de Juda, & des Princes de la maison de David. *Paral. c. 12.*

Il doit aussi y avoir eu une politique que nous ignorons, dans la conduite des Princes Hébreux, qui éleverent presque tous des Idoles. Il y a apparence que leur vue étoit de partager la Religion des peuples, & de diminuer l'autorité des Prêtres. De là le schisme ou la séparation des Rois d'Israël, qui ne voulurent point avoir d'alliance avec Jérusalem, où le Temple étoit le lieu fort du Sacerdoce, & où les Prêtres étoient toujours assûrés de l'emporter sur la puissance civile.

des Prêtres ; il nous reste à dire un mot de la conduite que tinrent après eux les Rois qui se virent à la tête des Sociétés.

L'homme devenu si grand, qu'il fut regardé comme le représentant de la Divinité, & rendu si puissant, qu'il pouvoit agir, vouloir, & commander aussi souverainement qu'elle, succomba presqu'aussi-tôt sous un fardeau qui n'est point fait pour lui. L'illusion de sa Dignité lui fit méconnoître ce qu'il y avoit en elle de réellement grand, & de réellement vrai ; les rayons de l'Etre Suprême dont son Diadême fut orné, l'éblouïrent au point qu'il ne vit plus le Genre-Humain, & qu'il ne se vit plus lui-même. Abandonné de la raison publique, qui elle-même ne voyoit plus en lui un mortel ordinaire, mais une idole vivante inspirée du Ciel, le seul sentiment de sa Dignité pouvoit lui dicter l'équité, la douceur, & la modération : Ce fut cette Dignité qui

le porta vers tous les vices contraires.
Un tel homme eut dû rentrer souvent
en lui-même; mais tout ce qui l'envi-
ronnoit, l'en faisoit sortir sans cesse,
ou l'en tenoit toujours éloigné. Comment, en effet, un mortel auroit-il pu
se sentir & se reconnoître ? Il se vit
décoré de tous les titres dûs à l'Etre
Suprême; ils avoient été portés avant
lui par les *Adonis*, les *Osiris*, & par
les autres emblêmes de la Divinité;
tout le Cérémonial, dû au Dieu Monarque, fut rempli devant l'Homme
Monarque; il fut adoré comme celui
dont il devint à son tour le représentant:
il fut de même regardé comme infaillible. Tout l'Univers lui dût, il ne
dût rien à l'Univers; ses ordres, ses
volontés, ses caprices, devinrent des
arrêts du Ciel; ses cruautés, ses féro-
cités furent regardées comme des jugemens d'en-haut, auxquels il fallut
humblement souscrire. Enfin cet emblême vivant de la Divinité surpassa en

tout l'affreux tableau qu'avoit fait Samuël de la future conduite des Rois.

Tel a été le Gouvernement de tous
les Souverains de l'Afie dans tous les
temps que nous connoiffons.

Les anciens Préjugés qui ont donné
naiffance au Defpotifme, y fubfiftent
encore & le perpétuent ; les Nations
y femblent toujours dire comme les
Ifraëlites , & dans le même efprit ;
N'importe ; nous voulons avoir des Rois,
c'eft-à-dire, des Symboles vivans, &
des Dieux que nous puiffions entendre,
& que nous puiffions voir à la tête de
nos armées.

Tous les maux que ce Gouvernement
a produits fur la Terre, font trop connus pour en faire ici un long détail.
Chaque Lecteur inftruit peut fe les
rappeller, & y reconnoître une longue
chaîne d'événemens & d'erreurs, d'où
font fortis tous les faux principes par
lefquels les hommes ont toujours été
conduits & gouvernés.

Pour avoir eu le Ciel en vue, l'on s'est précipité dans des abîmes profonds. Pour avoir perpétuellement compté fur une révélation chimérique, on a perdu l'ufage de la raifon. La Religion & le Gouvernement font devenus des monftres qui ont engendré l'idolatrie & le Defpotifme, dont la fraternité eft fi étroite, qu'ils ne font réellement qu'une feule & même chofe.

Voilà les fruits amers des fublimes idées de la Théocratie; telles font les miferes fans nombre, que produiront à jamais les adminiftrations civiles ou religieufes qui affecteront encore le Regne du Ciel fur la Terre. *

Pour achever de déveloper ces étran-

* Quoique les Monarchies préfentes de l'Europe foient fort éloignées de l'efprit de cette ancienne chimere, fi nous en remarquons cependant quelques vues, qui femblent tendre au Defpotifme, c'eft parce qu'entre les Corps politiques que chacune d'elles renferme, il en eft un purement Théocratique encore, qui a déja été, qui eft, & qui fera néceffairement le fléau ou le corrupteur de ces Monarchies, fi on ne lui fait changer un jour de nature & de principes.

ges découvertes, & pour conftater ces
grandes vérités, qu'on n'avoit jufqu'ici
pas même foupçonnées, jettons un
coup d'œil fur les Empires, & confidérons le cérémonial & les principaux
ufages des Souverains Defpotiques ; nous
y reconnoîtrons tous les anciens ufages,
& tous les principes des anciennes Théocraties ; ce fera mettre le fceau de l'é-
vidence à ces nouvelles annales du Genre-Humain.

SECTION XIII.

*Les Ufages Théocratiques fe confervent
chez tous les Defpotes civils.*

LEs Souverains Orientaux nous rappellent l'ancien Grand Juge, dont les
peuples avoient fait leur Monarque,
par leur invifibilité, ou par la coutume qu'ils ont prefque tous, de ne fe
montrer à leurs fujets, que felon des
heures, des jours, & des périodes réglés.

L'Empereur du Mogol * se présente deux fois par jour à une fenêtre qui regarde l'Orient ; cette apparition se fait le soir & le matin ; les Grands se rendent à ces heures sur la place du Palais, où ils restent prosternés tant que le Prince est visible, & le peuple qui accourt en foule pour regarder son Monarque, est tellement accoutumé à cette visite réguliere ; que malgré le Despotisme de son Souverain, il se souleveroit, suivant les Voyageurs, s'il manquoit à cet usage solemnel.

Il en étoit de même au Japon, † dans les temps où les Souverains Pontifes de cette contrée jouissoient encore en entier de toute la Puissance Théocratique, dont l'autorité temporelle fut depuis séparée. Ce Grand Pontife, qu'on nomme *Dairi*, se dit fils du Ciel, & se prétend descendu en ligne directe

* *Voyez* Hist. génér. des Voyages., in - 12, tom. 37.

† *Cérém. Relig.* tom. 6.

O 5

du fang des Dieux, qui ont autrefois régné au Japon, comme par-tout ailleurs. Dans les temps où ce *Dairi* difpofoit des deux glaives, on rapporte qu'il étoit auffi obligé de fe montrer tous les matins, & de paroître affis fur fon Trône devant les peuples affemblés; chacun alors le confidéroit avec foin, & l'on remarquoit fes geftes & fes moindres mouvemens, on pronoftiquoit de là fi le jour feroit heureux ou malheureux: felon la faifon, & felon la circonftance des temps, fes mouvemens étoient auffi regardés comme les annonces de l'abondance ou de la ftérilité, de la paix ou de la guerre; on y voyoit même les fignes de la pefte, des embrafemens, & des tremblemens de terre; & comme fi ce Pontife eût été un autre Jupiter, on craignoit qu'en remuant fes fourcils il n'ébranlât l'Univers.

Les Voyageurs n'ont rien vu que du ridicule dans ces ufages; mais je crois y reconnoître les anciens peuples soumis à la Théocratie, qui alloient devant l'emblême du Dieu Monarque, présenter leur hommage du soir & du matin; j'y vois les Egyptiens, les Grecs, & les Romains, qui saluoient les Dieux à chaque aurore; j'y vois enfin les Mages & tous les anciens adorateurs du feu, saluer le Soleil levant & le consulter sur le sort de la journée, & sur les événemens futurs.

Cette inquiétude avec laquelle les anciennes Nations alloient consulter le lever du Soleil, comme le reproche un Prophete aux Israëlites, qui le pratiquoient aussi, étoit une suite des dogmes de la fin du Monde, & de l'arrivée du Grand Juge, qui faisoient craindre aux uns que le Soleil couché la veille, ne se levât point le matin, & qui faisoient désirer à d'autres que le merveilleux jour du Grand Juge parût avec le Soleil levant. Les habitans des Isles Celébes, ne manquent point encore à cette antique coutume d'adorer lorsque l'aurore paroît, & lorsque le Soleil se couche; si pendant leurs prieres cet astre se couvre de nuages & de brouillards, c'est pour eux un signe qu'il est irrité; ils rentrent avec tristesse dans leurs maisons pour y appaiser leurs idoles, & ils se rappellent le souvenir d'un temps, où le Soleil ayant eu, disent-ils, une grande querelle avec la Lune, il s'ensuivit mille désordres dans le Ciel, sur la Terre & dans la Mer : nouvelle preuve que le culte du Soleil dans les Isles Célebes, & dans les autres contrées du Monde, est un de ces anciens abus sortis des usages établis en mémoire des révolutions de la Nature.

Chez les Hébreux qui s'adonnerent si souvent à l'idolâtrie, chaque semaine étoit un période, dont il falloit marquer la fin & le commencement, par des cérémonies assez semblables, & assez analogues à celles des autres Nations.

Le feu s'éteignoit dans leurs maisons, & se rallumoit de sept en sept jours, comme il s'éteignoit & se rallumoit à Rome en Mars, c'est-à-dire, au renouvellement des années civiles, & chez les Mexicains aux renouvellemens des semaines d'années. Tous les autres adorateurs du Soleil pratiquoient de même ces extinctions périodiques du feu sacré, qui n'étoit qu'un usage rélatif à l'attente de la fin du Monde, & à l'extinction du Soleil à la fin des périodes, ces différens usages témoignent que chez les adorateurs du feu, cet élément n'avoit été primitivement que le symbole de la vie du Monde.

Chaque septieme jour chez les Hébreux, l'on ouvroit * la porte Orientale du temple, & l'on chantoit ce jour là, *Attollite portas*, *& introibit Rex gloriæ* : † preuve qu'ils attendoient aussi le Grand Juge de sept jours en sept jours du coté de l'Orient, & que ces paro-

---

* *Ezechiel* 46. 1. † *Ps.* 23.

les que les Chrétiens appliquent aujourdhui si ridiculement au Messie, n'avoient
rapport, ainsi que l'ouverture de la
porte, qu'à la chimere universelle de
presque toutes les Nations. Comme
les Hébreux s'imaginoient apparemment
que leur Dieu venoit résider ce jour-
là dans son Sanctuaire, plus particuliérement que de coutume, le Prince
venoit alors l'adorer sur le seuil de cette porte orientale, & la multitude à
qui il étoit défendu d'entrer, se tenoit
au dehors; on faisoit encore au retour
de chaque pleine Lune, * cette même
cérémonie, dans laquelle il est inutile
de faire reconnoître celle du Mogol &
du Japon.

Les apparitions des Despotes de l'E-
thiopie sont moins fréquentes; ils ne
sortent de leurs Palais que quatre fois
l'année, & pour se montrer au vulgaire ils se placent derriere un voile. C'est
ainsi qu'il paroît dans ses grands jours,

* *Ezechiel* 46. 1.

& qu'il prononce ses arrêts, ou ses o-racles.

Les Éthiopiens, comme tous les peuples du Monde, n'ont pas toujours pris un homme pour représenter l'Être Suprême. *Plutarque* nous parle d'un peuple de ces contrées qui conféroit la dignité Royale à un *chien*, l'hono-roit comme un *Dieu*, & lui donnoit des hommes pour officiers, & pour ministres. *Strabon* nous apprend que les mêmes peuples ont eu des temps, où ils n'avoient pour Rois que des Prêtres; tradition plus favorable à la haute antiquité de cette Nation, qu'à sa sagesse; mais qui nous désigne par-faitement tous les différens progrès du Regne Théocratique. Le même Au-teur nous fait aussi connoître quelles en ont été les suites, en disant ailleurs, que de son temps l'Ethiopie étoit gou-vernée par des Rois, qu'on adoroit comme des Dieux, & qui ne se mon-troient jamais, pour mieux entretenir

la vénération de leurs sujets. Tous les
anciens Hiſtoriens nous ont tranſmis
les mêmes détails au ſujet des Rois
d'Aſſyrie, de Babylone, de Perſe &
de Médie; il y alloit de la vie de paroître devant ces Princes; il penſa en
coûter cher à la belle Eſther, pour
s'être préſentée d'elle-même devant
Aſſuérus, parce qu'on ne pouvoit voir
ſon Roi, comme on ne pouvoit voir
ſon Dieu, ſans mourir. Ce n'étoit
auſſi qu'en certains temps que ces anciens Deſpotes ſe montroient, & qu'ils
ſortoient de leurs Palais inacceſſibles;
il falloit alors ſe proſterner devant eux
& les adorer. *

C'étoit de même quatre fois l'année, que les Apalachites, habitans de
la Floride & adorateurs du Soleil, alloient en pélerinage ſur le mont Olagmi,

pour

---

* Le lecteur pourra conſulter l'Hiſtoire Grec-
que ſur le cérémonial qui s'obſervoit à la Cour
des Monarques Perſans & Aſſyriens.

pour l'adorer à son avénement aux quatre saisons ; ce culte étoit encore fondé
chez eux sur le souvenir des malheurs
du Monde ; ils disoient, * que le Soleil ayant autrefois suspendu sa carriere,
les eaux du grand Lac Théomi s'étoient
débordées, avoient couvert toutes les
montagnes, excepté le mont Olagmi,
que le Soleil épargna, à cause de son
Temple qui y étoit placé, & que c'é-
toit en mémoire de cet événement, &
pour se le rappeller, que leurs ancêtres
s'y étoient réfugiés, qu'ils venoient
quatre fois l'année en ce lieu pour y
témoigner leur reconnoissance éternelle
envers le Soleil ; ils donnoient ce jour
là la liberté à six oiseaux ; † usage allégorique, qui avoit rapport à l'ancienne délivrance ; la fête finissoit par des
jeux, des festins, & des danses ; c'est

* *Cer. Relig. Tom.* 7.
† Quand nos Rois de France entrent à No-
tre-Dame de Paris, on y donne de même dans
l'Eglise la liberté à des oiseaux qu'on y a appor-
tés exprès dans des cages.

ainſi, ſuivant Lucien, qu'une fois l'année, au Temple de la Déeſſe de Syrie,
un homme montoit ſur une tour éle-
vée, où il reſtoit pendant ſept jours
ſans boire, ſans manger, & ſans dor-
mir, en mémoire du ſalut trouvé ſur
les hauteurs, & des miſeres du Genre-
Humain après le déluge.

Ces apparitions des Rois, ces viſi-
tes, ces pélérinages réglés chaque année par les quatre ſaiſons, ont eu une
origine commune, & ont été des uſages ſuivis de preſque tous les temps.
Nous avons encore en Europe nos Qua-
tre-temps, accompagnés de jeûnes &
de proceſſions; mais l'on ignore qu'ils
procedent des Bacchanales des quatre
ſaiſons, qui dans la haute Antiquité
n'étoient que des fêtes de deuil & de
triſteſſe, établies en mémoire de la fin
de l'ancien Monde, dont la fin de
chaque ſaiſon rappelloit le ſouvenir. Le
nom de *Bacchanales*, qui ſignifie *La-*
mentation, * en eſt la preuve.

* Hiſtoire du Ciel, *tom.* 1.

Les quatre grandes fêtes annuelles de tous les peuples, & les quatre Carêmes de certaines sectes du Christianisme, ont une origine absurde, que tout le monde connoît; mais ils en ont une inconnue, qui remonte de même aux institutions primitives de la Terre renouvellée.

Dans le Royaume de Siam, * ce n'est qu'une fois l'année que l'Empereur sort de son Serrail, encore n'est-ce point pour se faire voir à ses peuples, mais pour les faire fuir; aussi-tôt qu'il paroît, il faut s'éloigner au plus vite, ou se prosterner le visage contre terre, pour ne le point voir. Ce Prince terrible tient donc lieu à ses peuples, de ses anciens coffres mystérieux & de ces arches où l'on prétendoit que résidoit la Divinité.

Dans les fêtes Grecques & Egyptiennes, d'Isis & de Cérès, dans les fêtes Gauloises, au temps de la moisson, &

* Cer. Relig. tom. 6.

chez les Hébreux, ces coffres, ces
châſſes ou arches ſe portoient en pro-
ceſſion & en triomphe en certaines oc-
caſions; alors chez les uns il falloit fuir,
ſe cacher, ou détourner les yeux; &
chez les autres, on n'auroit pu les tou-
cher ſans être exterminé.

Le Monarque Siamois n'a donc été
dans ſon origine que le coffre redoutable & le Dieu ſymbolique de la Théocratie; mais ce qui nous le va dévoiler
tout-à-fait, c'eſt que les Siamois doivent
ignorer le nom de leur Prince; ce nom
doit être un myſtere pour eux; & ſi par
hazard ils le connoiſſent, il leur eſt
défendu de le prononcer. *

Les voilà donc enfin traveſtis en Siamois, ces redoutables *Jehovah* & *Ve-
jovis* † des Hébreux & des Romains,
ces Divinités cruelles, jalouſes, vindi-
catives, auxquelles ces deux peuples,
toujours dans la crainte quand ils y pen-

---

* *Cer. Relig. tom. 6.*
† *Cicer. de nat. Deor.*

foient, offroient leurs victimes & leur encens, pour n'en point recevoir de mal; ils n'auroient de même ofé prononcer ces noms divins, qui dans leur idée étoient capables de faire rentrer la Nature entiere dans le cahos.

A Jerufalem comme à Siam ce n'étoit qu'une fois par année que le Palais du Dieu Monarque, c'eft-à-dire, le Sanctuaire, étoit ouvert, & que le renouvellement de l'année civile rendoit accefsible le redoutable *Jehovah*. Dans ce jour fameux, qu'on appelloit le *jour des expiations*, & que le Grand Prêtre lui-même regardoit comme dangereux pour lui, les dévots faifoient mille folies, que l'attente de la fin du Monde eft feule capable d'expliquer; alors le Pontife entroit dans le Saint des Saints, où tout tremblant de la peur d'en mourir, il prononçoit à voix baffe, pour que perfonne ne l'entendit, le nom du Dieu de la terreur, dont le peuple avoit fait fon Monarque.

P 3

Le Grand Prêtre de *Minerve Poliade* n'entroit aussi dans son Temple qu'une fois l'année. Lucain nous fait voir à peu près le même usage, & la même terreur dans une forêt sacrée des environs de Marseille.

Nous observerons ici que cette affreuse maxime qui semble transformer les Rois en des Démons, dont il faut ignorer le nom, est suivie dans presque toute l'Asie ; on n'y voit jamais, comme en Europe, le nom des Rois à la tête de leurs Ordonnances & de leurs Edits ; on y lit seulement ces mots despotiques : * *Un Commandement est sorti de la bouche de celui à qui l'Univers doit obéir.* Bizarre & ridicule orgueil, qui ne pouvant être que très-ancien, puisqu'il doit son origine à la Théocratie, est vraisemblablement la cause pour laquelle tous les Auteurs Grecs ont si peu connu les noms des Rois de l'Orient.

* Kempfer.

L'Oracle de Delphes dans les plus anciens temps dont la Grece fasse mention, ne faisoit parler Apollon qu'une fois l'année seulement; c'étoit le jour auquel on célébroit la naissance du Dieu, qui arrivoit au Printemps. Les Japonois s'imaginent de même qu'une fois l'année tous les Dieux descendent en terre d'une façon invisible, & qu'ils vont habiter pendant un mois dans le Palais du Grand Pontife, pour l'inspirer & l'instruire. Le voyage que toutes les Divinités de l'Asie faisoient aussi chaque année en Ethiopie, en mémoire de la guerre des Typhons & des Géans, est fameux dans l'Histoire de la Religion. Le dernier mois de notre année se nomme encore *le mois de l'Avent*, c'est-à-dire, *le mois de l'arrivée*; & au renouvellement de la course Solaire, nous célébrons la naissance du Messie des Juifs, & de l'Etoile de Jacob. Les Romains célébroient dans le même temps la fête de la naissance

P 4

de l'invisible Mytras. * Les trois Messes que l'on célebre pendant la nuit de Noël, semblent avoir rapport aux trois Autels sur lesquels ces derniers peuples sacrifioient la nuit des jeux séculaires, au renouvellement de chaque Siecle.

L'universalité de ces usages, malgré la différence des motifs que chaque peuple & chaque Religion ont allégués, est une preuve invincible que toutes ces manifestations de Dieux, de Rois, & d'Oracles, au commencement ou à la fin des années, n'avoient autrefois en vue que les dogmes de la descente du Grand Juge, & du Jugement dernier à la fin des périodes. Jugeons par-là de l'universalité d'erreurs dans laquelle toute la Terre entiere est ensevelie.

* Le Soleil.

SECTION XIV.

Suite du même sujet.

LE Roi d'Arrakan ne se montre, suivant *Gautier Schouten*, que tous les cinq ans, à la pleine Lune du dernier mois de l'année solaire; c'est en ce pays le seul temps où il soit permis de le regarder. Nous avons vu jusqu'ici que les Rois sont comme obligés de faire ces apparitions; ici c'est le peuple que le Roi oblige de se rendre à la Capitale *, de toutes les parties du Royaume, pour y connoître son Monarque; ensorte que l'on y voit alors accourir une foule innombrable; c'est ainsi que les Hébreux couroient à leur Pâque annuelle, qu'il falloit célébrer nécessairement à Jérusalem. La magnificence avec laquelle le Roi d'Arrakan se montre à ses peuples, est sans égale;

* Histoire génér. des Voyag. tom. 1. pag. 42.

l'appareil de cette pompe & de la marche du Prince furpaffe tout ce qu'on
pourroit en dire; néanmoins les voyageurs ne nous en ont point détaillé le
plus inftructif, puifqu'ils ne nous ont
point expliqué le fens de la difpofition
générale de la fête, & de tous les objets fymboliques & allégoriques qui y
paroiffent ; il eft vraifemblable qu'ils
n'ont pu le découvrir, & que ce peuple lui-même l'ignore peut-être tout
le premier.   C'eft-là où en font tous
les peuples de la Terre fur leurs ufages.   Quoiqu'il en foit , ces grands
jours fe paffent en fpectacles, en jeux,
en danfes, en concerts ; ce ne font point
des jours de terreur, comme chez les
autres Nations ; ce font des jours d'al-
légreffe & de plaifir, comme aux Sa-
turnales que les Romains célébroient
au renouvellement de l'année Solaire,
& de leur année † Civile.   Nous ver-

_____

* en Décembre. . . .
† en Mars.

rons ailleurs quelles font les raifons pour lefquelles la même cérémonie eft un objet de terreur chez les uns, & de réjouiffance chez les autres.

Les Anciens ont auffi connu ces périodes de cinq années. C'étoit alors que les Romains pratiquoient des expiations & des luftrations générales, qui firent donner le nom de *Luftre* ou de *Luftrale* à toutes les cinquiemes années; c'étoit encore dans ce temps qu'ils faifoient le dénombrement des Citoyens : chaque particulier payoit ce jour-là une taxe modique, & l'on ne peut guères douter, vu les autres ufages de ces fêtes, que cette taxe ne fût comme le demi-ficle que payoient chaque année les Juifs, forte de rachat, par lequel on croyoit fauver fa tête de la juftice divine, & des Puiffances infernales dont on s'imaginoit être menacé à la fin de tous les périodes.

Les jeux Olympiques, fi anciens parmi les Grecs, qu'ils n'en connoifsoient point la véritable époque, se célébroient chez eux après la quatrieme année révolue. Ce période étoit vraisemblablement, dans son origine, une semaine Sabbatique de quarante-neuf mois, ainsi que l'a déja soupçonné Noël-le-Comte dans sa Mythologie. Les Grecs avoient encore les Jeux Isthmiques, qui se célébroient tous les cinq ans; les Jeux Pythiens, tous les sept ans; & les Jeux Néméens, tous les trois ans d'abord, & ensuite tous les cinq ans : il se faisoit dans ces circonstances un concours innombrable dans les villes consacrées à ces grands jours; on s'y préparoit par diverses cérémonies expiatoires, & toutes les hostilités cessoient, afin de se réunir, & de célébrer en paix les grands exploits des Dieux, les Titans terrassés, la défaite du Serpent Python, & une infinité d'autres anecdotes allégoriques, qui étoient toutes des commémorations des anciens événemens de la Nature, lors de la deftruction & du rétabliffement du Monde. Ce feul point de vue eft la clef de toutes les antiquités religieufes de la Grece, fur lefquelles on a déja fait tant de commentaires inutiles.

Tous les trois ans les Hébreux pratiquoient auffi quelques ufages, qui ne pouvoient procéder que de la même fource ; ils avoient des aumones à faire, une dixme extraordinaire à payer, qu'ils devoient diftribuer aux Lévites, aux étrangers, aux pauvres & aux orphelins ; & en confidération de ces bonnes actions, ils prioient le Seigneur de bénir fon peuple, & la terre qu'il lui avoit donnée. *

L'unanimité de tous les peuples pour célébrer la naiffance & la fin des périodes par des ufages qui ont tous rapport aux anciennes révolutions du Monde, nous engage ici à dire auffi quelque chofe des Jubilés des Hébreux, pour les ramener à leur véritable origine,

* *V. Deuteron. chap. 6.*

qui depuis tant de ſiecles eſt cachée, pour les Hébreux mêmes, dans une profonde obſcurité. Cette nouvelle preuve de leurs erreurs, nous ouvrira les yeux ſur une multitude d'autres qui leur ſont particulieres, mais qui toutes intéreſſent infiniment le Genre-Humain.

La principale ſource des erreurs de cette Nation, eſt l'oubli de la langue de ſes Peres. Preſque toutes ſes fables & ſes mépriſes viennent de la mauvaiſe interprétation des noms, & des particularités de ſes traditions primitives, & ce qu'on aura peut-être peine à croire, c'eſt que tous les Auteurs de ſes Livres ſacrés ignoroient la langue Hébraïque. Pour adoucir ce paradoxe, j'ajouterai que ces Auteurs ignoroient l'Hébreu, c'eſt-à-dire, l'ancien Hébreu, comme les François modernes ignorent le Gaulois, dont pourtant leur langue eſt en partie dérivée; ils ſe ſont trompés de la même façon que nous nous tromperions auſſi, ſi nous voulions

expliquer les mots Gaulois par les mots
François qui ont avec eux quelque con-
fonance.

Une autre fource de ces méprifes de
langage chez les Hébreux, vient de ce
qu'ayant fouvent été errans & tranf-
plantés chez des Nations étrangeres,
ainfi qu'il paroît par leurs hiftoires,
leur Hébreu {primitif s'eft altéré &
corrompu . par le mélange de toutes
fortes d'idiomes ; d'où il eft arrivé
par la fuite qu'ils ont expliqué un
mot Chaldéen par un mot Hébreu,
un mot Hébreu par un mot Per-
fan ou Egyptien, & enfin des mots
Egyptiens par des mots Hébreux, Per-
fans ou Chaldéens. Le nom de *Schabat*, par exemple, qui ne doit figni-
fier que *renouvellement*, a produit dans
leurs fêtes & dans leurs ufages, une
multitude de fables groffieres, parce
qu'ils l'ont interprété par *repos*, ce qui
leur a fait perdre tout-à-fait de vue le
fens de leurs traductions, & les inten-

tions primitives de leurs Loix & de leurs fêtes, qui toutes portoient ce nom.

Pour ne parler ici que des Jubilés qu'ils célébroient tous les fept ans, comme cette folemnité s'appelloit auffi la fête du *Schabat* de la Terre, ils s'imaginerent, lorfqu'ils eurent oublié la véritable fignification de ce titre, en apercevoir le fens dans les ufages de ces Jubilés; & quand cette expreffion fignifioit repos, parce que dans l'année Jubiliaire ils laiffoient la terre fans culture, ne femoient point les champs, ne tailloient point la vigne, ni les plants d'oliviers, ne cueilloient aucuns fruits, & qu'ils ne faifoient enfin aucune moiffon, aucune recolte ni aucune vendange, de ce que la Terre pouvoit avoir produit d'elle-même; il eft vrai que de tels ufages étoient très-capables de les tromper, auffi-bien que l'inaction où ils devoient être chaque feptieme jour; mais pour être excufables, ils n'en étoient pas moins dans l'ereur, ainfi que

que leurs Légiſlateurs & leurs Prêtres, qui par-là ont trompé tout le Genre-Humain. Les interpretes qui ont tenté juſqu'ici d'expliquer une loi auſſi étrange, qui par l'abandon de la culture des terres devoit entrainer de ſi mauvaiſes ſuites pour le bien commun, n'y ont preſque tous vû qu'une énigme impénétrable M. Prideaux eſt forcé d'avouer que ces Jubilés, & ces ſemaines Sabbatiques, n'éclairciſſent aucuns paſſages de l'Ecriture, & qu'on n'y peut voir qu'un joug péſant, qui attira aux Iſraëlites de ſéveres punitions, parce qu'ils négligerent preſque toujours de l'obſerver. Malgré l'excès de ſa ſuperſtition, ce peuple ne ſe fia réellement jamais ſur cet article aux promeſſes de ſon Dieu, qui lui avoit dit, *Ne crains point de mourir de faim cette ſeptieme année, car je répandrai ma bénédiction ſur la ſixieme, pour qu'elle te produiſe autant de fruits que trois autres.* La peur de la famine l'emporta, & ſur

ces belles promesses, & sur les menaces,
Israël laboura ses champs, & voulut
toujours faire sa vendange, par la suite;
cependant les grandes calamités dont
il se vit frappé, lui rappellerent cette
insigne désobéissance, & la méfiance
de ses peres, & il ne manqua pas d'attribuer tous ses malheurs au défaut de
célébration de ces Jubilés, comme les
Romains attribuoient les désastres de
leur République au défaut de célébration des jeux séculaires.

Si nous n'avions donc que les Hébreux pour nous éclaircir sur leurs propres usages, nous espérerions en vain
d'y parvenir. Ils ignoroient quel étoit
l'objet particulier de chaque fête, comme ils ignoroient l'objet général de leur
Religion & de leur culte. En nous
disant que le Jubilé étoit une loi de
Moïse, faite pour accorder le repos à
la terre, ils nous montrent par cette
réponse leur profonde ignorance, puisque l'on peut juger par leurs écritures

mêmes que la distinction des septiemes
années, & les usages qui y étoient at-
tachés, étoient plus anciens que leur
Moïse. Jacob qui se louoit chez Laban
de sept ans en sept ans, afin d'épouser
ses filles, suffit pour nous prouver que
cet usage Jubiliaire étoit répandu dans
l'Orient plus de deux-cents soixante ans
avant leur Législateur, & avant les Loix
de son Lévitique.

Au défaut de ces Hébreux, dont on
prétend si ridiculement faire les premiers
Docteurs du Monde, les Américains,
qu'on méprise tant, vont nous rendre
raison de l'institution du Jubilé, & en
particulier de cet abandon total, qu'il
falloit faire, pendant les jours Sabbatiques, de toutes les choses de la Terre.

Les Voyageurs & les Historiens de
l'Amérique s'accordent tous à nous apprendre que les Méxicains attendoient
la fin du Monde à la fin de chaque siecle, leur siecle étoit composé de cin-
quante années, c'est-à-dire qu'il for-

moit une grande femaine Sabbatique
de femaines d'années; & leur année é-
toit compofée de dix-huit mois de vingt
jours chacun, au bout defquels ils en
ajoutoient cinq, pour compléter l'année
folaire.

En conféquence de cette attente finguliere où ils étoient de la fin du Monde, le dernier jour qui voyoit expirer
le fiecle, étoit un jour d'affliction, dé
deuil, & de pénitence; ils éteignoient
le feu facré dans leurs temples, & le
feu domeftique dans leurs maifons; &
après avoir caffé & brifé tous les meubles & tous les uftenciles du ménage,
comme chofes qui devenoient inutiles
& fuperflues, les uns paffoient la nuit
dans la priere, & prefque tous dans les
allarmes, & dans la défolation, s'at-
tendant à chaque heure à voir le dernier moment de la Nature. Cette terreur augmentoit à mefure que la nuit
s'avançoit; mais l'efpérance y fuccé-
doit enfuite, & croiffoit à mefure que

l'obscurité commençoit à diminuer;
on montoit alors avec un empressement
encore plein d'inquiétude sur les toîts
des maisons ; on regardoit attentive-
ment l'Orient; on étudioit les progrès
les plus imperceptibles de l'aurore nais-
sante ; c'étoit à qui auroit de plus
grands & de meilleurs yeux ; & à peine les premiers rayons du jour annon-
çoient-ils le retour du Soleil, qu'un
cri universel rappelloit la joie & l'allé-
gresse; on couroit au temple rallumer
le feu sacré, & par des hymnes & des
cantiques, on remercioit la Divinité
d'avoir prorogé la durée de l'Empire,
& d'avoir accordé un nouveau siecle
au Monde. Je ne détaillerai point la
fête qui étoit la suite de ce grand renouvellement; ce que nous venons de
voir suffit pour expliquer tous les usages des Hébreux dans leur Jubilé, il ne
faut pour cela que considérer la bizarre coutume qu'avoient les Mexicains
de casser leurs meubles dans cette oc-

fion, comme la fuite & l'abus outré d'une inftitution, qui avoit eu pour objet dans fon origine de faire un fa-crifice à Dieu de toutes fes propriétés, de lui montrer avec quelle réfignation on fe détachoit des chofes d'ici-bas, & avec quelle foumiffion on étoit prêt à foufcrire à ce qu'il ordonneroit à la fin des périodes fur le deftin de l'Univers.

La découverte de ce grand point de vue nous fait expliquer toutes les folies de quelques Nations au temps des Eclypfes, où elles faifoient un bruit épouvaitable avec des marmites, des chauderons, & d'autres uftenciles de ménage, qu'elles brifoient * de même,

* Les Juifs ont encore l'ufage aujourdhui, deux jours au moins avant Pâques, qui commence leur année facrée, de renouveller leurs uften-ciles; cet ufage n'eft cependant pas univerfel chez eux, comme l'ufage de caffer les meubles n'étoit point univerfel chez les anciens au temps des Eclypfes. L'efprit de ménage & d'écono-mie, eft ce qui a fans doute introduit ces change-mens; les Nations fe contenterent alors de faire du bruit avec leurs uftenciles, & les Hébreux à Pâques fe contentent prefque tous aujourdhui de

comme je l'ai vu en certaines rélations ; c'est que l'obscurité soudaine des E-clypses leur rappellant le souvenir des anciennes ténebres, elles croyoient en voir le retour, & qu'estimant la fin du Monde très-prochaine, elles s'imaginoient n'avoir plus besoin de rien.

En considérant ces usages sous le même aspect, il sera également facile d'expliquer littéralement toutes les coutumes sabbatiques des Israëlites.

Premiérement, le nom de *Jubilé*, qui signifie *corne de bélier*, c'est-à-dire, *trompette*, étoit donné aux grands périodes des Hébreux, parce que pour en annoncer le commencement au peuple, sept Prêtres sonnoient de la trompette, le dix du mois *Tirci*, pour annoncer le jour des expiations, où il falloit affliger son ame, après quoi le

les nettoyer, & de les purifier. Il en est à peu près de même chez nous ; nous ne déchirons point nos meubles au renouvellement de l'année Paschale, mais nous avons l'usage de nous donner toujours quelques meubles, ou quelques habits neufs en ce temps.

Grand Prêtre entroit dans le Sanctuaire pour y prononcer le terrible mot de *Jehovach*. Selon le sentiment des Juifs d'aujourdhui, la trompette est un signe du Jugement, & nos Apocalyptiques n'ont jamais manqué de mettre à la bouche des Anges exterminateurs, cet instrument fatal; ainsi le nom de la fête offre déja le dénouement des terreurs dont le Grand Prêtre & le peuple étoient toujours frapés ce jour-là.

Secondement, ce temps s'appelloit *le Sabath de la Terre*, c'est-à-dire, *le renouvellement de la Terre*, parce que l'idée de la fin du Monde entraîne toujours après elle l'idée de son renouvellement, soit naturel, soit surnaturel; d'ailleurs le temps Jubiliaire commençoit toujours avec l'année civile; mais il n'est pas étonnant de voir ce temps porter le même nom que portoit autrefois chez les Hébreux le premier mois de l'année Solaire, qu'on nommoit *Schabat* dans le même sens, &

par la même raison que nous appellons
ce mois *Janvier*, d'un ancien mot la-
tin qui signifie celui qui ouvre & qui
renouvelle l'année. Le mot Hébreu
pourroit être la matiere d'une ample
dissertation, mais elle seroit ici trop
longue; il suffit seulement de remarquer que les mots de *Jubilé* * & de
Sabbath †, donnés au même temps &
au même usage, indiquent toujours
que les renouvellemens étoient les annonces du Jugement & du Grand Juge.

Lors donc que les anciennes Loix
commémoratives, ou plûtôt celles qui
en dériverent & qui en outrerent les
usages, comme sont ici les Loix Me-
xicaines & Hébraïques, qui défendoient
aux hommes de cultiver la terre la septieme année, & leur ordonnoient de
ne vivre que de ce qu'elle produiroit
d'elle-même, & de ce que le hazard ‡
leur feroit trouver chaque jour, c'étoit

---

* Trompette. † Renouvellement.
‡ *Levitiq.* 25. 12.

Q 5

pour les avertir que le période de la fin du Monde étoit prochain, & qu'il falloit bientôt renoncer à tout. Comme c'eſt le temps, leur diſoit-on, où l'Etre Suprême doit vous juger, vous exercerez cette année la miſéricorde, & vous remettrez les dettes de vos frères, pour que le Grand Juge vous remette les vôtres : vous vous détacherez de tous les biens d'ici-bas; vous abandonnerez toute propriété ; vous rendrez la liberté à vos eſclaves; tous les marchés, tous les *contrats*, toutes les acquiſitions que vous aurez faites juſqu'à ce jour ſeront nulles, parce que c'eſt l'année de la remiſe, * & de la diſſolution de toutes choſes; s'il plaît cependant au Seigneur de nous accorder un autre période, tout ce qui aura été fait dans l'antécédent, ſera cenſé †

---

* *Nomb.* 36. 4.

† Cette coutume a été trés-fatale à l'Hiſtoire du Monde. Nous verrons par la ſuite que ce précepte a été cauſe de l'oubli où ſont tombés tous les anciens périodes après cent ans, après

oublié, & comme non avenu ; l'esclave *vendu demeurera libre ; le bien acquis re-tournera à ses anciens maîtres , chaque homme à sa premiere famille ; & vous ne pourrez enfin jamais vendre la Terre à per-pétuité, parce que la Terre est au Seigneur, qui peut nous l'ôter quand il lui plaira, comme il l'a ôtée autrefois à nos Peres.* *

Telle est la simplicité avec laquelle les Mexicains auroient expliqué aux Hébreux des usages anciens auxquels ils ne comprennent plus rien, & que nos prétendus organes de l'Esprit Saint n'ont pas mieux connu qu'eux. Leurs Ecritures sacrées, qui leur ont bouché les yeux, auroient pu, cependant, les leur dessiller quelquefois, si dans cette multitude de mensonges & de vérités qu'elles contiennent, l'homme n'eût pas toujours été plus porté vers le faux que vers le vrai.

mille ans, &c. Il falloit de même que tout le passé fût censé oublié, & non avenu ; & par un esprit religieux on abolissoit autant qu'il étoit possible le souvenir de toutes choses.

* Levitic. 25. 23.

Le quatrieme livre d'Efdras, *chap.*
16. confirme finguliérement l'explication qne nous venons de tirer des
Mexicains. Ce Prophete annonçant
au Monde que fa fin eft prochaine, s'é-
crie, „ Que celui qui vend, faffe com-
„ me celui qui fuit; celui qui acquiert,
„ comme celui qui perd; celui qui tra-
„ fique, comme celui qui eft fans pro-
„ fit; celui qui fe bâtit une maifon,
„ comme s'il n'y devoit point habiter,
„ celui qui feme, comme s'il ne devoit
„ point recueillir; celui qui façonne
„ fa vigne, comme s'il ne devoit point
„ la vendanger; enfin, que celui qui
„ fe marie, faffe comme s'il ne devoit
„ point avoir d'enfans; le tout, dit cet
„ Entoufiafte, parce que ceux qui tra-
„ vailleront, travailleront en vain.''
Cette application de tous les ufages
du Jubilé, aux approches de la fin du
Monde, dénote, fans doute, que les
Hébreux n'ont point toujours méconnu le véritable fens de ces ufages. „ La

,, fin vient, dit auffi Ezéchiel chap. 7.
,, elle vient cette fin fur les quatre
,, coins du Monde, ce jour de carnage
,, des hommes, & non de la gloire des
,, montagnes ; celui qui vend ne ren-
,, trera point alors dans la poffeffion de
,, ce qu'il vend. " Et pourquoi ? parce
que ce fera le dernier de tous les périodes, comme on le peut juger par
cet extravagant & fublime chapitre
d'Ezéchiel.

On doit trouver étonnant qu'avec de
tels paffages les Juifs & les Chrétiens
n'ayent jamais connu la véritable inftitution des Jubilés ; c'eft, comme je
l'ai dit tout à l'heure, que la fuperftition eft toujours aveugle pour le vrai ;
au refte on peut juger par cette ignorance, dont les premiers traits font
dans le Pentateuque, que toutes les
erreurs & les folies des Hébreux font
infiniment anciennes, puifque ce Livre
lui-même eft d'une très-haute antiquité.

Cette Hiftoire des Jubilés nous a

écartés de nos Despotes; mais comme ces fêtes avoient rapport à la manifestation périodique de ce même Grand Juge, que tous les Souverains Orientaux ont toujours affecté de représenter, en rapprochant ainsi le tableau des usages civils, avec celui des usages religieux, on en verra mieux la suite continue & non interrompue de toutes les erreurs humaines.

SECTION XV.

Les usages Théocratiques se conservent chez tous les Despotes Eccléfiastiques.

LE cérémonial & tous les usages que nous avons reconnus dans les Cours des Despotes de l'Asie, se retrouveront aussi chez les Nations qui admettent à leur tête des Souverains Pontifes. Ces Princes Eccléfiastiques ont surpassé l'orgueil des Rois temporels, sur lesquels, en tout lieu, ils ont toujours prétendu dominer, parce que leur état & leur caractere les approchent bien davantage de nos anciens Rois Théocratiques ; indépendamment de l'invisibilité qu'ils affectent tous dans l'Asie, ils prétendent encore à l'immortalité.

Le Grand Lama, que la plus grande partie de l'Orient appelle le *Prêtre universel*, ne meurt jamais dans l'esprit des peuples ; pour entretenir leur crédulité, il n'y a point de fourberies & de ruses que ses Ministres ne mettent en usage pour le remplacer adroitement quand il vient à mourir, ainsi que pour rendre son aspect rare & difficile. Si ces imposteurs plaçoient derriere un voile un bloc de marbre, ce seroit de même un véritable Roi Théocratique ; il dureroit plus que tous les Lamas du Monde ; il leur serviroit autant ; feroit moins de mal, & leur épargneroit bien des mensonges.

L'immortalité est de même un des privileges du grand *Kutuktu* ou *Katu-*

cha des Calmoucks. * Ce titre, auſſi
difficile à remplir pour lui, que tous
les autres attributs de l'Etre Suprême,
éternise en ces contrées l'imposture des
Prêtres, qui pour perpétuer leur foible Divinité, ou plutôt leur idole,
perſuadent au peuple, que le Grand
Pontife vieillit avec la Lune, & ſe renouvelle avec elle. C'eſt par ce même moyen que l'on a éterniſé les *Adonis* anciens & modernes, en les faiſant
naître & mourir tous les ans, & en
réglant leur naiſſance & leur réſurrection par le cours du Soleil, comme
les renouvellemens du grand Katucha
ſont réglés par le cours de la Lune.

Le ſuprême Sacerdoce coute bien
davantage au *Chitomé* † Grand Prêtre
de l'Abyſſinie. Le peuple apparemment trop inſtruit qu'il n'eſt qu'un
homme, & qu'il en doit ſubir la loi
finale & commune, n'accorde point
l'im-

---

* Cer. Relig. tom. 6.
† Relat. d'Éthiopie par le P. Labat chap. 1.

l'immortalité à son Pontife, mais au seul Sacerdoce, qui ne doit pas même vieillir, ni être sujet à l'infirmité ou à la caducité. Comme le Grand Prêtre & le Sacerdoce sont cependant étroitement liés ensemble, il a pour nécessaire en ce pays de défendre au *Chitomé* de vieillir, afin que le Sacerdoce ne se ressente point de sa vieillesse; ce seroit dans l'esprit de ces peuples un très-grand malheur, & le Monde même périroit, si ce Grand Prêtre devenant caduc mouroit naturellement; le Sacerdoce en seroit avili, deshonoré & anéanti. Pour prévenir donc de si grands maux, lorsque le *Chitomé* est malade, on l'assomme, s'il devient vieux, on l'étouffe; & un Pontife plein de vigueur, que l'on tient sans doute toujours prêt, succède à celui auquel on n'a pas laissé le temps d'être malade, & de deshonorer le Sacerdoce, qu'on prétend éterniser par ce barbare usage.

Je ne sçais s'il se tient un Conclave

R

en cette contrée pour l'élection des
Grands Pontifes, & si l'on y voit autant
de prétendans, & de brigues, que dans
le Conclave Romain; les Voyageurs ne
nous en ont rien dit; ce qu'il y a de
certain, c'est que le *Chitomé* Abyssin
est un *Apis* Egyptien; ce bœuf sacré,
cet ancien Roi Théocratique de Mem-
phis, ne pouvoit pas non plus mourir
naturellement, sans qu'il tombât de
très-grandes calamités sur l'Egypte,
par la raison, sans doute, qu'il auroit
deshonoré l'éternité du Dieu Monarque, dont il étoit représentant; on ne
l'assommoit pas, il est vrai, si cruellement que le *Chitomé* dont nous parlons,
mais on le noyoit respectueusement
dans le Nil, quand il approchoit de sa
fin; c'étoit une solemnité fort dévote,
après laquelle on lui cherchoit un suc-
cesseur.

Les Mexicains * avoient aussi une sor-

_____

* *Chém. Relig. tom. 7.*

te d'*Apis*, ou d'*Adonis* vivant, dont le sort n'étoit pas moins cruel ; c'étoit un homme, qu'on renouvelloit tous les ans ; on l'adoroit pendant le cours de l'année ; rien ne lui manquoit du côté des honneurs & de la bonne chere ; mais l'année révolue on l'égorgeoit, après l'avoir prévenu neuf jours d'avance, en lui disant, *Seigneur, vos plaisirs finissent dans neuf jours.*

Le cruauté a toujours été la suite de l'idolatrie, comme du Despotisme ; ces deux monstres ont une commune origine.

L'Europe moderne, ainsi que l'Abyssinie, ne reconnoit point d'immortalité dans les Souverains Pontifes ; mais le Sacerdoce s'y prétend infaillible, immortel, divin & indépendant de toutes les Sociétés & de toutes les Puissances de la Terre ; comme il a perdu le souvenir de la primitive origine de toutes ces chimeres Théocratiques, il les fonde sur cette seconde époque, où les

terreurs paniques de la fin du Monde,
& du regne du Ciel, les réveillerent,
& remplirent les hommes d'un efprit
de vertige, qui leur fit voir le Grand
Juge dans un Juif pauvre & miféra-
ble, qu'ils déifierent, comme celui qui
avoit fait, ou qui devoit faire bientôt
defcendre le regne du Ciel fur la Terre.
C'eft depuis cette époque de confufion pour le Genre-Humain, que le
Sacerdoce fe croit immortel, qu'il prétend montrer une fucceffion continue,
& non interrompue de Princes Spiri-
tuels depuis dix-huit fiecles, & qu'il
fe flatte qu'elle fe continuera jufqu'à
la confommation des temps. Je ne
ferai point voir quelle eft la fin à laquelle cette immortalité doit s'attendre; mais ce que je fens bien, c'eft
que fon principe fe perd dans plufieurs
fiecles de ténebres & d'ignorance; que
les premiers Papes font auffi fabuleux
que les premiers Rois d'Egypte & de
la Chine, & que cette prétendue im-

mortalité du Sacerdoce Romain ayant aussi commencé dans l'obscurité, s'évanouïra nécessairement dans la lumiere progressive des siecles futurs.

Comme le Christianisme n'a fait que renouveller une ancienne chimere dont il a été lui-même la dupe, il a toujours travaillé à ramener sur la Terre les anciennes Théocraties, & il a renouvellé les maux & les erreurs, qui étoient les suites inévitables de leurs faux principes. C'est de ces anciennes sources que sort ce dogme cruel de l'universalité future de la Monarchie Chrétienne ; c'est comme successeurs & représentans de ce faux Grand Juge, aujourdhui adoré comme *Adonis*, & comme les *Osiris*, que des hommes ont osé sur la Terre affecter l'infaillibilité & l'indépendance, & que le Sacerdoce a toujours aspiré au Despotisme, soit directement, soit indirectement, en corrompant les Gouvernemens dont la constitution en est le plus éloignée.

L'Hiſtoire paſſée, & l'Hiſtoire préſente de l'Egliſe, ſont les preuves de
ces triſtes vérités, de l'origine de nos
maux, & des Préjugés qui les produi-
ſent. Si nous avions le temps d'examiner le cérémonial religieux & politique de l'élection & de la vie d'un
Pape, nous y trouverions pour nouvelles preuves tous les traits de l'ancien
Roi Théocratique, & une multitude
d'uſages, qui n'ont d'autres ſources
que les abus ridicules & idolâtres, que
la plus haute Antiquité avoit déja fait
des dogmes ſacrés de la deſcente du
Grand Juge, & de l'arrivée de la vie
future. Je n'en voudrois point d'autres preuves que ces indulgences &
ces Jubilés que les Papes diſpenſent
à leur avénement; comme ſi la premiere année de leur Pontificat étoit
celle du renouvellement du Monde, &
nous ouvroit l'entrée de la vie future.
C'eſt-là néanmoins l'intention de l'ouverture de la porte ſainte; l'on chan-

te alors : *Ouvrez les portes de la justi-*
ce, les justes y entreront ; voici la jour-
née du Seigneur. On n'y verra un jour
que la journée des foux & des idolâtres.

SECTION XVI.

Tous les Despotes veulent commander à la
Nature même.

CE seroit peu de montrer chez les
Rois le cérémonial Théocratique, qui
les veut élever au-dessus du reste du
Genre-Humain, pour le traiter comme
un vil troupeau d'esclaves ; il faut les
voir commander à la Nature même,
& jouer jusqu'au bout le rôle de la Divinité, dont on a voulu qu'ils fussent
les emblêmes.

L'Histoire ancienne nous offre plusieurs exemples de Princes, qui se croyant une ame plus qu'humaine, se sont
portés à cet excès d'extravagance, de

penser qu'ils pouvoient se faire obéir
des élemens. Jusqu'ici l'on n'a apperçu dans cet orgueil que les saillies particulieres de la folie de ces Princes, &
non une conduite autorisée & reçue
dans le plan des anciens Gouvernemens;
mais en réunissant ces traits singuliers
épars dans l'antiquité, avec ceux que
l'Histoire moderne, & les Voyageurs
nous fourniront, nous serons à portée
de juger si nos Historiens Moralistes
ont vu dans ces anciennes folies tout ce
qu'ils devoient y voir.

Si nous voulions avoir recours aux
annales des Hébreux, nous y trouverions nombre d'exemples de la superbe
puissance des Despotes de Ninive, de
Perse, de Babylone, & d'Egypte, qui
se regardoient comme le principe de
toutes les choses, & comme les Maîtres de toutes les Terres, de toutes les
Mers, de tous les fleuves, enfin comme les Dieux Souverains de tous les
Dieux de l'Univers. Mais le fiel irré-

conciliable des Hébreux contre tous ces Princes formidables; dont ils étoient le jouët, comme la plume l'eft du vent, pourroient rendre ces reproches fufpects, fi l'on n'y joignoit le témoignage des autres Nations.

Perfonne n'ignore aujourdhui les anecdotes du fameux paffage de Xerxès en Grece, ni la lettre impérieufe que ce Defpote de la Perfe écrivit au mont Athos, pour lui ordonner de laiffer paffer fes armées, en le menaçant en cas de défobéiffance de le faire jetter à la mer. Ce même infenfé fit encore enchaîner l'Hellefpont, pour avoir caufé le naufrage de fes flottes; & après lui avoir fait donner trois cent coups de fouët, comme à l'un de fes efclaves, il l'apoftropha & lui dit: *C'eft ainfi, malheureux élément, que ton Maître te punit.* *

Le même Auteur qui nous raconte ces folies prefque incroyables, attribue

* *Herod. Liv.* 1.

au grand Cyrus une action de cette espece. Un cheval consacré au Soleil
s'étant noyé au passage d'un fleuve,
ce Conquérant le fit sur le champ cou-
per par son armée en trois cent soixante canaux, pour anéantir le cours de
ses eaux sacrileges.

Un ancien Roi d'Egypte, * que quelques-uns font succéder à Sesostris,
châtia le Nil débordé, qui faisoit d'affreux ravages, en lançant contre lui
un javelot.

Au Royaume de Siam † les Rois com-
mandoient aussi autrefois aux élémens,
aux Génies malfaisans, & aux Démons,
auxquels ils défendoient de gâter les
biens de la terre; & comme notre Roi
d'Egypte, ils ordonnoient aux rivieres
débordées de rentrer dans leur lit, &
de cesser leurs ravages.

Ceux qui nous ont décrit l'Afrique
‡ ont rapporté des anecdotes sembla-

* Diod, Liv. 1. Herod. 1.
† Cerem. Relig. tom. 6.
‡ idem tom. 7.

bles des Souverains de cette Région; ils y sont presque tous des Dieux de plein exercice. Les peuples de Toto-ka, ceux d'Agag, plusieurs autres voisins du Monomotapa, & ceux même de ce grand Empire, s'adressent à leurs Princes dans leurs besoins; ils y ont recours pour la pluie, pour la famine, pour la contagion, & leur demandent enfin mille autres secours divins.

Dans le Royaume de Loango, * c'est le Roi qui dispose du temps; l'une des grandes fêtes du pays est celle où on va lui demander la pluie & le beau temps pour toutes les saisons de l'année. Le Prince alors prend son arc, tire une flèche en l'air, & tout le monde est content.

Chez les Guigues † c'est encore du Prince que l'on croit tenir les saisons favorables, & l'on y a recours dans toutes les nécessités; ce qui lui attire

* Cerem. Relig. tom. 7.
† Relat. de l'Éthiopie du Pere Labat. tom. 2.

force préfens, fur-tout quand le Ciel
eft fâcheux.

Chez les autres peuples Africains,
* où la confiance dans les Prêtres
l'emporte fur celle qu'on a ailleurs dans
les Rois, c'eft à ces impofteurs que
l'on va demander de l'eau ou de la fé-
chereffe; de l'ombre, ou de la féréni-
té; ils s'habillent alors d'une maniere
extravagante; ils fe chargent d'attributs, & de figures fymboliques, mon-
tent fur un lieu élevé, frapant l'air,
& tirent leurs fleches contre le Ciel;
comme ils ont l'adreffe en ce pays,
comme par-tout ailleurs, d'attendre
pour faire leurs cérémonies, l'approche des nuées quand on demande de la
pluie, afin de ne pas fe compromet-
tre, il arrive, difent les Voyageurs,
qu'ils réuffiffent prefque toujours, &
que le peuple crie au miracle; cependant ils ont l'art de n'être pas pris

* Relat. de l'Ethiopie du Pere Labat. tom. 2.

en défaut, même lorfqu'il ne pleut pas; c'eft, difent-ils, que les péchés du peuple ont détourné les nuées.

L'Amérique n'a pas moins confervé que l'Afie & que l'Afrique ces veftiges remarquables des anciennes Théocraties; elle nous les montre même fous un point de vue plus précis que toutes les Nations dont nous venons de parler; car d'après tous les exemples que celles-ci nous donnent, on pourroit peut-être croire encore que ces ufages ont eu pour principe général l'orgueil & la vanité des Princes, au lieu que l'Amérique nous apprend, qu'ils appartenoient au fond, & à la conftitution du Gouvernement des Nations. Le nouveau Monde va donc pour la féconde fois, dans cet ouvrage, inftruire les habitans de l'ancien.

Un des traits les plus remarquables de l'Hiftoire & du Gouvernement des Mexicains, eft fans contredit le ferment folemnel que leur Empereur fai-

foit au jour de fon facre ou de fon inauguration. Il juroit & promettoit que
tant qu'il regneroit les pluies tombe-
roient à propos fur la Terre, que les
fleuves & les rivieres ne feroient point
de ravages dans les campagnes par leurs
inondations, que les biens de la terre
feroient en abondance, que l'Empire
ne feroit point affligé de ftérilité, &
que les hommes ne recevroient du
Ciel, ni du Soleil, aucunes malignes
influences. Pacte fingulier, fans doute, fur lequel Jufte-Lipfe & les Voyageurs n'ont fait que de vaines plaifan-
teries, mais qui néanmoins nous éclair-
cit tous les ufages de nos antiquités
orientales. Ce ferment a dû, en effet,
être ufité dans tous les Gouvernemens
qui ont eu primitivement la Théocratie
pour bafe & pour principe. Ainfi ces
anciens Rois de l'Afie dont on a dit
tant de mal, ne nous ont montré par
leurs excès que les vices de l'adminiftration qu'on leur avoit remife en

main. Ce fut un fardeau immense
dont l'homme se trouva chargé, aussi-
tôt qu'à la place des symboles muets
& inanimés, on l'eut fait l'image &
l'organe de la Divinité; il fallut alors
qu'il commandât comme elle au Ciel
& à la Terre; qu'il fût le garant de
toutes les calamités naturelles, qu'il ne
pouvoit produire, ni empêcher; & la
source des biens, qu'il ne pouvoit donner. Enfin les Nations imbécilles dans
leurs superstitions l'obligerent à se
comporter comme le Dieu & comme
les idoles avec lesquelles elles le con-
fondirent; tandis qu'en le mettant à la
tête de la Société, elles n'auroient dû
rien exiger de lui, sinon qu'il se com-
portât toujours en homme, & qu'il
n'oubliât jamais qu'il étoit, par sa nature, & par sa foiblesse, égal à tous
ceux qui se soumettoient volontairement à lui, sous l'abri commun des
Loix & de la Religion. Parce que
les hommes ont trop demandé à leurs

Souverains, ils n'en ont rien obtenu ;
le Despotisme est devenu une autorité
sans bornes, parce qu'on en a exigé
des choses sans bornes : l'impossibilité
où il a été de procurer les biens surnaturels qu'on lui demandoit, n'a pu
lui laisser d'autre moyen de manifester
sa puissance, que celui de faire des extravagances & des maux extrêmes.

Tout ce chapitre est encore une
preuve, que le Despotisme est une
idolâtrie, toujours aussi absurde que
criminelle.

SECTION XVII.

*Vestiges d'usages Théocratiques dans les
Cours de l'Europe.*

TOUT éloigné que soit notre heureux
climat, de ces usages monstrueux qui
deshonorent & asservissent encore tous
les autres peuples de la Terre, il en
conserve pourtant quelques légeres empreintes.

preintes. D'où vient, par exemple, cet antique privilege, qu'ont encore quelques Princes de l'Europe, de pouvoir, dit-on, guérir certaines maladies par leur seul attouchement, & sur quoi peut être fondée la superstition de ceux qui ont recours à ces Médecins couronnés ? Cela vient de cette coûtume idolâtre que nous venons de trouver chez tant de peuples, d'avoir recours à leurs Rois dans toutes les calamités naturelles, comme aux Souverains de la Nature, & aux dispensateurs des biens & des maux qui partent de la seule main de la Providence. Le Roi de Perse a de même ce don mystérieux ; & quelques Empereurs Romains, gâtés par l'exemple des Despotes de l'Orient, affecterent aussi la même vertu ; ce n'est donc qu'un privilege Asiatique, que l'ancienne barbarie a pu amener dans notre Continent, & que les lumieres du siecle doivent anéantir comme un opprobre. Nos Rois n'ont plus besoin de ce foible artifice pour être aimés, adorés, & respectés : comme ils ne peuvent faire que le bien possible, c'est leur manquer que d'en exiger ce qui surpasse leur pouvoir ; & comme ils sont ordinairement remplis d'humanité, des prieres aussi indiscrettes ne peuvent, sans doute, qu'affliger leur bon cœur.

Il est plusieurs autres usages d'étiquette, qui procedent aussi, sans qu'on le sache, des erreurs primitives ; mais, il faut en convenir, ces usages sont devenus, ou sont en eux - mêmes, sans conséquence, & on les suit par le seul respect pour la coûtume, & sans qu'aucune superstition y ait part. Je n'ai point dessein de les rappeller ici ; ceux qui fréquentent les Cours, & qui sont au fait du Cérémonial qui environne les Princes, pourront en reconnoître diverses traces dans cet Ouvrage.

Il n'est gueres de Souverain en Europe, qui, sans le sçavoir, n'affecte, encore ces apparitions orientales & périodiques ; nos premiers Rois de France les affectoient dans leurs grands jours de Pâques & de Noël : les *grands couverts* d'aujourdhui peuvent encore partir de cette source ; les Palais de nos Rois, ouverts en tout temps, ne ressemblent point à ces Serrails impénétrables de l'Orient, néanmoins leur entrée est encore plus libre en de certains temps que dans d'autres, l'anniversaire de la fête du Prince permet aux derniers du peuple de pénétrer dans tous les lieux qu'habite son Monarque. Dans ses voyages & sur ses routes tout doit encore s'ouvrir devant lui, & les Grands ne manquent point de lever alors les barrieres, & d'ouvrir les avenues de leurs Palais & de leurs Chateaux. L'Asie nous montre de semblables usages, & d'autres qui y sont tout-à-fait contraires quoique les uns & les autres soient sortis de la même source. Tout est ouvert devant le Grand Mogol quand il sort, & les

Grands doivent lui venir offrir un présent, toutes les fois qu'il passe devant
leurs maisons. Tout se ferme en Perse quelquefois, & tout se fermoit autrefois à la Chine, quand le Despote
sortoit de chez lui. Les usages du Mogol & de l'Europe sont, comme l'on
voit, beaucoup plus humains que ceux
de la Perse & de la Chine; c'est cette
différence & plusieurs autres, que nous
avons déja rencontré dans l'ancien Cérémonial Théocratique, que nous allons actuellement considérer, pour en
expliquer les bizarreries & les contrariétés.

SECTION XVIII.

Sources des variétés & des contrariétés
qu'on apperçoit dans les usages de dif-
férens Gouvernemens Despotiques.

Pour connoître les principes & la
source des variétés que nous avons vues
dans les différentes Cours Asiatiques,

il est nécessaire de recourir aux dispositions primitives du Genre-Humain,
& d'envisager les différens points de
vue sous lesquels le Grand Juge a pu
être regardé des anciens peuples dans
ses avénemens & dans son regne : il devoit être envisagé sous deux aspects
principaux & opposés l'un à l'autre,
c'est-à-dire, sous une face heureuse &
sous une face malheureuse. Elle étoit
heureuse, parce que cet avénement
étoit l'annonce du regne de la paix &
de la félicité dont on se faisoit de si
belles peintures ; & elle étoit malheureuse, parce que ce Grand Juge étoit
en même temps l'annonce de la fin
du Monde & de ses suites terribles.
Son attente étoit pour les justes une
source de plaisirs, & de consolation ;
mais pour les méchans, c'étoit un
objet perpétuel de crainte & de terreur ; les premiers voyoient dans l'Etre
Suprême un bon Pere, & un bon
Roi, les seconds n'y voyoient qu'un

Juge inexorable, & qu'un impitoyable Exterminateur.

La Divinité étant confidérée fous ces deux afpects, fes fymboles & fes images le furent de même, parce qu'ils devoient fervir à la repréfenter en tout, & à inftruire les hommes de toutes les grandes vérités qui la concernoient.

Lorfque par la fuite des temps l'homme eut abufé des premiers fymboles muets & inanimés qui avoient fervi à lui montrer le Dieu Monarque fous ces deux faces, & qu'il en eut fait une multitude de Déités & de Puiffances particulieres, le Monde Payen fe trouva rempli de deux ordres de Divinités, dont les unes pafferent pour les amies du Genre-Humain, & les autres pour des Démons & des Génies mal faifans, que l'on adora par crainte, mais dont on n'ofa prononcer le nom; ce fut là la fource de cette famille obfcure des Dieux inconnus, que l'on trouve dans la Mythologie de prefque toutes les Nations.

Les Mages & les Perses, qui ne donnerent point avec le même excès dans le Polythéisme abfurde des peuples d'Occident, se jetterent dans une autre erreur, par les spéculations qu'ils firent sur les deux différens aspects de l'ancien Grand Juge.

Comme les Théologiens de ces temps reculés, ainsi que ceux de nos jours, n'étoient capables que d'embrouiller ce qu'ils ne pouvoient comprendre, & que le bien & le mal qu'ils voyoient dans le physique & dans le moral de l'Univers, les embarrassoit étrangement; ils firent de la Divinité considérée sous ses deux attributs primitifs, deux principes différens & ennemis l'un de l'autre, qu'ils imaginerent être toujours en guerre, & produire tour à tour le bien & le mal. L'ordre & le désordre, qui semblent être la base de cette harmonie générale de l'Univers, auroient dû cependant ramener ces Docteurs à des principes plus simples.

Les Dogmes de la Religion s'étant ainsi altérés & corrompus par l'abus que l'on fit des symboles inanimés dont elle se servit, & par les méditations des Théologiens, qui se remplirent l'imagination de phantômes hideux, & de Puissances imaginaires; les mêmes abus, & les mêmes erreurs passerent nécessairement dans les Gouvernemens civils & politiques, lorsque ce fut des hommes que l'on prit pour représenter le Dieu Monarque, & lorsqu'on les chargea de tous ses attributs; mais les suites de ces abus y furent des malheurs bien plus réels & bien plus funestes : on ne peut considérer un mortel comme le Maître Souverain du bien & du mal, sans lui mettre par là les armes & la foudre à la main, & sans donner la vie & l'existence aux objets imaginaires & invisibles des terreurs superstitieuses; ainsi après avoir donné l'être aux Démons, on donna l'être aux Tyrans.

Il est vrai que ces symboles vivans

furent également chargés des attributs
d'équité, de bonté, & d'amour, &
que s'ils eurent à repréfenter la Divinité fous fon afpect le plus effrayant,
ils devoient auffi la montrer fous l'afpect de fes vertus & de fes perfections;
mais indépendamment de l'impoffibili-
té où ils fe trouvoient de remplir ce
dernier rôle, nous devons avoir affez
bonne opinion du bon fens des Nations,
même dans leurs erreurs, pour croire
que le fentiment tacite qu'elles dûrent
toujours avoir, de l'imperfection de
tous ces divers fymboles de la Divinité, fit qu'elles furent bien plus por-
tées à trembler devant les idoles bru-
tes & humaines, qu'à avoir en elles
cette parfaite confiance que l'amour
fuit de fi près. L'idolatrie & le Defpotifme eurent donc l'un & l'autre la
crainte & la terreur pour principe &
pour fondement. La conduite des
Princes porta enfuite au plus haut degré ces fentimens de frayeur & d'avi-

liſſement, dont les premiers germes
étoient dans la conſtitution de l'Etat
& de la Religion. Maîtres Souverains
& libres de leurs actions comme Dieu
même, ſi les Rois porterent comme
les enfans de Samuël, les noms d'*A-
biach* & de *Joël*, c'eſt-à-dire, de *Dieu
Pere*, & de *Dieu fort*, & de redoutable; s'ils virent & leur trône, & leur
titres décorés de tous les attributs de
l'Etre Suprême, leur orgueil & leur
vanité ſe trouverent bien plus frappés
de ceux qui repréſentoient une puiſſance
invincible & une volonté immuable.
En un mot leurs paſſions & leur foibleſſe leur faiſant trouver beaucoup
plus de facilité à contrefaire le Grand
Juge ſous ſon aſpect le plus terrible,
parmi tous les mobiles qu'ils pouvoient
choiſir pour ſe conduire eux-mêmes &
pour conduire le Genre-Humain, ils
préférerent la crainte à l'amour.

Nous pouvons à préſent entrevoir les
cauſes des diverſités, ou plutôt des

contrariétés que nous avons rencontrées dans le cérémonial des Cours Asiatiques; elles ont eu pour origine les attributs opposés de l'ancien *Dieu Monarque*, que les Princes étoient obligés de représenter, mais entre lesquels ces Princes n'ont point pu, & n'ont point voulu maintenir une juste balance. Voilà pourquoi presque tous les Despotes se sont tenus cachés, ont dérobé la connoissance de leur nom, n'ont paru que pour exciter la terreur, que pour répandre la frayeur; il a fallu presque par-tout fuir à leur aspect, & fermer les portes comme à l'approche de l'Ange exterminateur.

Ces déplorables abus remontent à la plus haute Antiquité, & peut-être même aux temps Théocratiques.

Les Prêtres des Scythes, ces anciens peuples de la haute Asie, ne leur montroient leur Dieu que sous la forme d'une lance ou d'une épée; il en étoit à peu près de même du *Jehovach* des

Hébreux; ce n'étoit felon leurs Docteurs & leurs Prophetes, qu'un Monarque févere, cruel, impitoyable,
jaloux, & vindicatif, qu'ils décoroient
de tous les titres, & de tout l'appareil
de la terreur; auffi le Judaïfme n'étoit-
il, & n'eft-il encore, qu'une Religion
de fervitude. * Cet efprit de crainte
& de Defpotifme que l'on découvre
dans la Théocratie des Hébreux, qui
eft la plus ancienne & la feule que

* Le titre fi fréquent que fe donne le Dieu
des Hébreux de *Dieu des Combats*, m'a fait
longtemps foupçonner qu'il n'étoit que le Dieu
des Scythes, c'eft-à-dire, l'impitoyable Mars.
Un rapport & une tradition finguliere a prouvé
par la fuite la vérité de cette conjecture.
Hiftiée de Milet, ancien Hiftorien des Anti-
tiquités Phéniciennes, rapporte qu'après le Déluge les Prêtres qui s'étoient réfugiés dans les
montagnes rapporterent au Sénat le culte facré
du Dieu *Enyalius*. Or *Enyalius* & *Enys* font
des noms Grecs de *Mars* & de *Bellone*. De
plus Mars occupe le troifieme rang dans la Gé-
néalogie des fept premiers Patriarches. Cet *Enos*
eft vifiblement le même que Mars; fon nom
fignifie en Hébreu *chofe mortelle*; ainfi il eft encore le même qu'*Enyalius*, que les Grecs auront
formé d'*Enos* & de *Lylus*, mot Phénicien pour
exprimer en un feul mot le *Dieu qui porte la mort*.

nous puissions distinctement connoître
dans l'Histoire de toutes les Nations,
pourroit peut-être faire soupçonner ici,
que les Théocraties & le Despotisme
qui en est sorti, ont pu être réellement établis dans le dessein de gouver-
ner les Sociétés par la terreur, & que
les Législateurs ont pu y être forcés
par la dureté qu'ils auroient reconnue
dans l'esprit & dans le cœur des hommes; la Théocratie des Hébreux qui
paroît avoir été établie sur ce principe, semble favoriser ces soupçons, &
même les réaliser par un exemple frapant, lequel aux yeux d'une multitude
de personnes, sera d'un poids & d'une
considération infinie.

Il n'en doit pas être de même pour
des yeux éclairés, qui se feront déja
apperçus du faux & du merveilleux
dont les annales Hébraïques sont défigurées. Ou la Théocratie des Hébreux
n'a jamais existé telle que l'Histoire
nous la décrit, ou si elle a subsisté sur

ce ton, ce n'a dû être que dans des temps très - postérieurs aux anciennes. Nous ne devons donc point nous y méprendre, ni nous imaginer, qu'elle ait été la seule, & encore moins la premiere de toutes les Théocraties; elle n'en a été qu'une tardive & très - infidele copie; peut-être même, vu les fables fans nombre dont elle est d'ailleurs remplie, n'est-elle qu'une mauvaise collection de fausses traditions sur les anciens temps que l'imposture a rapprochées, & que l'ignorance a colorées des mêmes traits, & du même caractere qu'elle voyoit regner dans les Despotismes voisins, lors qu'elle s'est avisée de les écrire. Il ne faut pour s'en convaincre qu'envisager avec un peu d'attention le plan & l'esprit de cette Théocratie, & l'Histoire vraie ou fausse des événemens antérieurs que la Bible a rapportés; on voit alors que le Gouvernement n'a été établi chez les Hébreux que pour les séparer de toutes les Nations étrangeres & idolâtres.

On remarque que les premiers commandemens Théocratiques donnés sur le mont Sina, défendent le culte des idoles des Dieux, ce qui prouve que l'ignorance & la profanation du nom de Dieu, étoient répandues sur la Terre, depuis un grand nombre de siecles; & l'on apperçoit dans les premiers Livres de Moïse une multitude de noms & de fêtes qui ont rapport à la Mythologie, & à l'Idolâtrie.

Jugeons actuellement par ces remarques, à quel point l'Histoire du Monde doit être renversée dans ces prétendus Livres sacrés, puisqu'ils font la Théocratie moins ancienne que l'idolatrie, qui en étoit cependant, comme nous avons vu jusqu'ici, la funeste suite, & la fille; nous ne devons donc point chercher dans ces livres le premier esprit Théocratique, ni être étonnés que les Hébreux l'ayent méconnu, & qu'ils nous ayent montré leur Dieu Monarque aussi terrible qu'étoient les Defpotes d'Affyrie , de Perfe , & de Babylone, dont les Gouvernemens n'étoient plus que des Théocraties tyranniques , dont le Prince invifible avoit été perfonifié depuis très - long-temps.

Après avoir montré le néant de la baze hiftorique fur laquelle ce foupçon contre l'ancien caractere du Genre-Humain auroit pu s'appuyer, je crois devoir encore faire appercevoir combien ce foupçon feroit injufte en lui-même, & injurieux pour les hommes en général. Si cette atrocité, & cette dureté du cœur humain ont pu fe voir & fe voyent réellement aujourdhui dans plufieurs contrées de la Terre, ce n'eft pas là qu'il faut aller pour fe former une idée du génie des peuples primitifs, & encore moins de celui des anciens témoins des malheurs du Monde, qui font les feuls que nous devions confidérer ici; devenus, par leurs fouffrances & par leurs miferes , religieux ,

mo-

modérés, induſtrieux, & compatiſ-
ſans, jamais de pareils hommes n'ont
eu beſoin d'être conduits avec un ſcep-
tre de fer; il ne leur falloit qu'un Gouvernement paternel, & ami du Genre-
Humain; c'eſt celui-là qu'ils avoient
pris ſans doute, puiſque le Deſpotiſme
en bien des contrées, oſe encore en
porter le nom; puiſque le ſouvenir des
premiers temps a toujours été un ſouvenir cher à toute la Terre; puiſque les
veſtiges qui nous reſtent dans l'Hiſtoire de la Légiſlation de ces premiers â-
ges, en font encore le plus parfait é-
loge. Les hommes, à la vérité, furent imprudens & ſuperſtitieux, quand
ils s'imaginerent devoir ſoumettre leurs
inſtitutions civiles au Dieu Monarque;
mais cette fauſſe ſpéculation prouve
elle-même combien leurs intentions é-
toient droites, combien leur deſſein
étoit pacifique, & leur caractere ſim-
ple & paiſible; s'ils ont changé par la
ſuite, c'eſt en portant la peine, non

T

de leur méchanceté, mais de leur fuperftition ; ce font les fuites inévitables de leur malheureux choix, qui
en produifant les Tyrans, produifirent
infenfiblement l'altération du cœur &
de l'efprit des Nations ; elles s'endur-
cirent à proportion de la dureté des
Gouvernemens, elles fe roidirent fous
le poids des fardeaux qu'on leur fit
porter ; & elles devinrent infenfibles
& abruties par les miferes extrêmes de
leur efclavage.

C'eft ainfi que les abus fortis des
Théocraties, & les rigueurs du Defpotifme, ont perverti le caractere primitif des hommes, ont prefque changé leur nature, & qu'en un grand
nombre de contrées, ils les ont forcé
de repouffer par autant d'excès les excès dont ils étoient écrafés.

Les habitans anciens & modernes du
Continent de l'Afie, qui nous ont fait
voir tant de fois le fpectacle des grandes révolutions dans la perfonne des

Despotes, sont néanmoins, & ont toujours été, par leur caractere & leur climat, des peuples doux & pacifiques; telle a toujours été la douceur, la bonne foi, & l'excès de Religion de ces trop malheureuses Nations, qu'après avoir été cent fois les dupes & les victimes des monstres adorés, qu'elles auroient dû étouffer, il ne leur est point encore venu dans l'idée d'établir un Gouvernement plus fixe & plus modéré, en mettant le Trône, le Monarque & le peuple à l'abri d'une commune loi, qui pût les défendre & les soutenir réciproquement;

Quel affreux Gouvernement que celui dont la cruauté & la rigueur s'éternisent par la douceur, & par la soumission naturelle des Nations! Combien seroit fausse, pour ne rien dire de plus, une idée qui voudroit nous porter à soupçonner, que le Despotisme auroit été le fruit d'une législation raisonnée, accommodée au véritable ca-

ractere de l'homme, & faite pour le
bien du Genre-Humain ! Notre cœur
la contrediroit ; elle seroit démentie
par l'expérience & par l'Histoire.

S'il est cependant un pays au Monde
où le Despotisme semble encore se montrer sous quelques traits favorables, &
propres à affoiblir l'horreur qu'on doit
avoir pour lui ; ce seroit, sans doute,
la Chine, où ce Gouvernement paroît
avoir eu un si grand succès, qu'il est
difficile d'imaginer qu'aucun autre eût
pu, ainsi que lui, maintenir l'immortalité de cet Empire, qui passe pour
le plus sage, comme il est le plus ancien, de tous ceux qui subsistent sur la
Terre. Cette singuliere exception mérite bien que nous disions un mot de la
Chine, & que nous y suivions l'ennemi commun de l'humanité, pour
l'attaquer, s'il est possible, sur son
premier Trône, & au centre même de
sa gloire.

SEC-

SECTION XIX.

Du Despotisme de la Chine.

SI les Loix de la Chine avoient été faites par le Despotisme, elles feroient sans doute son éloge; mais dans cet Empire, comme par tout ailleurs, elles l'ont précédé; les Souverains y ont été eux-mêmes l'ouvrage de la Société & des Loix; la même chaîne d'événemens que nous avons jusques-ici suivie chez tous les peuples du Monde, a produit de même en cette contrée le mélange de biens & de maux qui devoient être les suites nécessaires des premieres Institutions, & des premiers Préjugés des hommes.

Ce qui distingue seulement les Chinois de tous les autres peuples, & ce qui a contrebalancé quelquefois les maux que les Préjugés originels ont fait naître dans leur Empire, c'est le respect sans bornes qu'ils ont eu dans tous les temps pour les institutions primitives de leurs ancêtres, & la vénération profonde qu'ils ont conservée pour les anciennes Loix civiles & politiques, qui n'avoient point eu d'autre modele que les Loix économiques, domestiques & morales des premieres familles du Monde renouvellé.

Ce rare privilege des Chinois ne doit point cependant nous les faire regarder comme une espece d'hommes particuliers, s'ils ont été plus sages & plus heureux que tant d'autres peuples qui avoient possédé de même ces Loix inestimables, & qui les ont perdues depuis si long-temps, c'est à la seule situation de leur Empire qu'ils en ont l'obligation; placés au bout de l'Univers, environnés d'un côté de mers immenses, de l'autre de montagnes inaccessibles, inconnus du reste de la Terre, & qu'ils ne connoissoient point eux-mêmes, aucun événement exté-

rieur n'a dû, pendant une très-longue
succession de siecles, altérer l'écono-
mie primitive de cet Empire ; les Loix
ont eu le temps d'y produire tout le
bien qu'elles étoient capables de faire ;
la longue expérience de leur utilité &
de leur excellence, ayant gravé pour
elles dans le cœur des peuples un respect,
éternel, est la seule cause par laquelle
l'esprit primitif du Genre-Humain s'y
est conservé, & fait encore'aujourdhui
l'esprit national de cet Empire extraordinaire. Sans ce hazard la constitution
de la Chine auroit subi, suivant les apparences, le sort commun à toute la
Terre, parce qu'elle auroit aussi en elle-même le vice commun & le germe
fatal de ce Despotisme & de cette servitude, qui s'y sont nécessairement é-
tablis, & qui y ont souvent produit,
comme par-tout ailleurs, les grandes révolutions. Leurs fables & leurs idolatries sont des monumens certains du
regne des chimeres, & des Préjugés

Théocratiques ; le cérémonial des Empereurs, aussi-bien que la conduite & la façon de penser du peuple à leur égard, sont encore des preuves parlantes que les hommes y ont monté sur l'ancien Trône du Dieu Monarque, par les mêmes degrés dont nous avons reconnu les traces chez toutes les autres Nations, & que les Rois n'y ont été de même placés & établis que pour représenter sur la Terre le souverain Maître du Ciel, & tenir dans leurs mains la balance du bien & du mal que Dieu seul étoit capable de dispenser à propos & avec justice.

Loin donc de nous aveugler sur le compte de ce peuple fameux, nous devons au contraire nous appercevoir, par tous ses usages, qu'il a également conservé les bonnes & les mauvaises empreintes de sa constitution ancienne.

L'Empereur de la Chine se dit fils du Soleil ; on ne lui parle qu'à genoux, & il a été des temps où il ne se mon-

troit jamais ; il ne paroiſſoit qu'à une
fenêtre à de certains périodes, & l'on
fermoit ſes portes lorſqu'il ſortoit de
ſon Palais ; il eſt décoré, comme les
Oſiris de l'Egypte, de tous les titres
& de tous les attributs de la Religion,
comme il l'eſt de la Police ; enfin
dans tous les temps il a joui d'une puiſſance & d'une autorité qui n'ont été
reſtraintes par aucune Loi humaine,
quoique la Chine eût pu lui en donner
de ſi bonnes.

C'eſt ainſi que cette contrée nous
offre le mélange le plus bizarre de ſageſſe & de folie. Si nous voulions en
parcourir les annales, tantôt nous verrions des Rois ſe faire un ſingulier
honneur du titre de Paſteurs & de Nour-
riſſiers de leur peuple, qu'ils regarde-
roient comme leurs enfans, & nous
verrions ces peuples heureux donner le
nom de *Pères* à ces bons Rois ; * tantôt nous verrions auſſi ces Rois devenir

* *Mem. du P. Le Comte*, t. 3.

la honte & le fléau de l'humanité,
remplir leurs Etats d'horreur & de dé-
fefpoir, & forcer les peuples à prendre
un génie atroce pour exterminer des
familles entieres de Tyrans, ou pour
appeller d'autres barbares à leur fecours,
afin de leur remettre leur liberté, &
leur vengeance. Dans ces cruelles vi-
ciffitudes, qui ont fi fouvent changé
les Maîtres de cet Empire, où les défauts de fa conftitution lutoient fans
ceffe contre fes vertus, la force des
Loix naturelles donnoit toujours le ton
au commencement des Dynafties; &
telle étoit leur excellence, que les nouveaux Conquérans s'y foumettóient
eux-mêmes en les admirant; mais par
la fuite le vice caché fe dévelopoit, il
fe fortifioit infenfiblement, & à la fin
il caufoit un nouvel embrafement.

Ce ne feroit donc tout au plus que
dans les premiers temps de chacune de
ces Dynafties, ou peut-être encore
lorfque le Ciel auroit fait préfent à cet

Empire de quelque Prince extraordinaire par ſes vertus perſonnelles, que nous pourrions y voir le modele d'un parfait Gouvernement ; mais qu'on ne s'y méprenne point, ce Gouvernement n'étoit plus alors un Deſpotiſme.

Lorſque quelques ſages Empereurs, dans l'excès même de leur puiſſance, ont préféré, au titre de terrible & de redoutable, celui de pere & de nourriſſier, il paroît que ſi ces Princes n'étoient point bornés & retenus par des Loix, ils ſe croyoient néanmoins bornés & retenus par la raiſon & par les mœurs ; enſorte que le Gouvernement de la Chine, Deſpotique par ſa nature, & Théocratique dans ſon principe, c'eſt-à-dire, peu fait pour la Terre, ſe rapprochoit alors de l'homme & de l'humanité, & s'y proportionnoit, pour ainſi dire, par le bon ſens, & la ſageſſe de ces reſpectables Monarques. Dans ces glorieux inſtans, où ils étoient capables de donner ainſi des bornes à leur vafte puiſſance qui n'en avoit point, le Deſpotiſme des Souverains étoit Monarchique dans ſon exercice, & c'eſt ce qui en faiſoit alors le bonheur & la ſureté.

Q'eſt-ce, en effet, qu'un Deſpotiſme qui tolere dans ſes Etats des Corps anciens de Magiſtrats & de Sçavans, qui ont oſé ſouvent & avec ſuccès, ſous les bons Princes, faire des remontrances à leur Deſpote, lui donner des leçons & l'inſtruire, lui dire avec autant de vérité que de hardieſſe, que l'obligation où il eſt de modérer ſa puiſſance, & de ne point abuſer de ſon pouvoir, l'établit au lieu de le détruire, & que la gêne ſalutaire qu'il doit donner lui-même à ſes paſſions, ne le rend pas ſur la Terre de pire condition que le ſouverain Empereur du Ciel, qui ne ſe permet que le bien? Un tel Gouvernement, dans ces brillantes circonſtances, n'étoit pas encore tout-à-fait une Monarchie, il

n'étoit pas non plus un Despotisme,
mais une de ces anciennes Théocraties,
que les faux principes n'avoient point
encore corrompue ; c'étoit une précieuse image des siecles primitifs, &
de cet âge d'or si fameux, où la raison étoit encore la premiere & la seule Loi du Genre-Humain.

Le Pere Le Comte ne s'est donc
point trompé tout-à-fait, quand il a
dit qu'à voir les anciennes Loix de la
Chine, il sembleroit que Dieu lui-même en auroit été le Législateur; c'est
qu'elles avoient été faites dans ces
temps Théocratiques où Dieu avoit
été en effet regardé comme le Roi de
la Terre, & les habitans de la Terre
comme les justes & les élus sur lesquels
il alloit immédiatement régner.

Ainsi ces grands traits de l'Histoire
de la Chine ne nous ramenent point au
Despotisme ; mais ils nous rappellent
la haute & sublime spéculation des Nations primitives qui voulurent se mo-

déler fur le Gouvernement du Ciel ,
pour fe rendre heureufes ici-bas ; & en
nous la rappellant, ils nous en font en
même temps connoître tout le danger
& toute l'illufion, puifque, en conféquence de cette fatale fuppofition, toutes les Nations s'abandonnerent fans
précaution au caprice d'un feul homme , croyant s'abandonner à la fage
Providence du fouverain Empereur du
Ciel & de la Terre.

Ces anecdotes détachées, que nous
admirons dans l'Hiftoire de la Chine,
ne peuvent donc point contrebalancer
le cri des Nations, & l'expérience de
tous les temps, qui s'élève contre
ce fyftême Théocratique, & contre
toutes les adminiftrations arbitraires
qui en font forties. J'entens cette voix
univerfelle apprendre aux Chinois
eux - mêmes, qui n'ont pas toujours
été auffi fages & auffi heureux qu'on
fe l'imagine, que toutes les fecouffes
qui ont ébranlé plufieurs fois leur Em-

pire, n'ont point eu d'autre source que
le surnaturel des spéculations de leurs
ancêtres; que ce sont elles qui ont
donné naissance chez eux, comme par-
tout ailleurs, à des Sardanapales, à des
Nérons, & à des monstres qui, sous le
nom de la Divinité, & à l'abri des
Préjugés Théocratiques, se sont joués
de la Nature humaine; que ce sont les
révolutions que ces anciennes chimeres
ont occasionnées, qui ont ruiné en
cette contrée, comme dans toutes les
autres, les vrais monumens de l'Histoire
du Monde, pour mettre en leur place
des recueils de mensonges, & des annales fabuleuses, * que ce sont leurs

* L'Antiquité nous parle de plusieurs Princes
qui ont eu la folie & la cruelle ambition de détruire les monumens de tous les Regnes, & de
tous les temps qui les avoient précédés, afin de
passer dans l'esprit de la postérité pour les premiers hommes & pour la source & l'origine de
toutes les Sociétés. Ces monstres ont envié
aux révolutions de la Nature leur triste pouvoir, & ils cherchoient vraisemblablement à la
contrefaire. Les Idées & les Préjugés qu'a-
voient les Anciens sur les Périodes Astronomiques & Astrologiques, de la durée du Monde,
ont dû contribuer à la folie de ces Princes; on

anciennes suppositions & les abus du
cérémonial figuré, qui les ont fait
tom-

s'imaginoit que dans un période qui succédoit
à une autre, le Monde n'étoit plus le même; &
comme la Religion avertissoit alors qu'il falloit
se renouveller, comme elle nous en avertit
encore, on croyoit qu'il falloit tout renouveller
& tout changer, jusqu'à sa mémoire; alors,
comme au Jubilé des Hébreux, tout le passé étoit
censé oublié & comme non avenu; on quittoit
l'ancienne façon de compter les années, & l'on
en prenoit une nouvelle, qui faisoit négliger les
siecles & les époques antérieures. Voilà, sans
doute, quelle est l'origine de ces époques, &
de ces différentes Eres Chronologiques, qui
ont tant embrouillé l'Histoire du Monde, &
dont peut-être il ne nous reste dans nos Histoires que la plus petite partie. Indépendamment
de ces Préjugés, & de leurs effets naturels, la
folie des Conquérans a encore été de renouveller ces époques. Les Rois Pasteurs ont tâché d'éteindre en Egypte le souvenir des âges
passés; les Babyloniens & les Chinois ont eu
de pareils extravagans, qui dans le même dessein ont fait brûler une multitude de Livres,
dont on devroit à jamais déplorer la perte. C'est,
sans doute, aux suites de ces frénésies, que
nous devons les annales Judaïques; cette Nation a tellement méprisé toutes les autres, que
nous pouvons penser qu'après ses transmigra-
tions, leurs Prêtres ont reconstruit de leur
mieux leurs annales, en tâchant d'absorber toute l'antiquité, & de ramener à eux seuls l'origine de toutes les Nations: ce qui découvre
déja

tomber dans l'idolatrie, sœur & compagne inséparable du Despotisme ; enfin, que ce sont tous les faux principes de la Théocratie en Police comme en Religion, qui ont produit toutes les différentes catastrophes qui y sont arrivées depuis le renouvellement du Monde, qui est la date de cet Empire.

D'après cet examen de la constitution de la Chine, & de la connoissance du caractere de ces Peuples passionnés pour les coutumes bonnes & mauvaises qu'ils ont reçues de leurs ancêtres,

déjà leur folle vanité, & ce qui ne peut manquer de les confondre un jour, c'est que comme ils ont reconstruit ces annales avec plus de superstition que de génie, ils n'y ont employé en partie que les matériaux primitifs, qu'ils ont déplacés & déguisés à la vérité, mais dont cependant il n'est pas impossible de reconnoître la forme & la place primitive. Les annales des Hébreux, des Egyptiens, des Chinois, &c. présentent à mes yeux des bâtimens neufs construits par des Architectes mal-adroits & trompeurs, qui en se servant des matériaux d'un bâtiment plus ancien qu'ils ont démoli, n'en ont point effacé les reliefs primitifs, d'où il arrive que l'on retrouve souvent les pieces de l'entablement du premier édifice, dans les fondemens du second.

V

nous pouvons jetter un coup d'œil sur l'avenir, & prévoir ce qui pourra arriver un jour à ce fameux Empire, de cet attachement plus machinal que raisonné. Comme il met obstacle au progrès de l'esprit humain, & que ce qui n'avance point dans le moral, & dans le politique, comme dans le physique, recule réellement, il arrivera que les Chinois seront un jour les plus malheureux Peuples du Monde; ils seront les plus malheureux, lorsque ceux qui le sont aujourd'hui plus qu'eux, se seront perfectionnés par l'usage de la raison. Ce qui reste à la Chine de ses anciennes institutions, s'éteindra nécessairement; ce reste s'évanouïra dans les révolutions futures, comme ce qu'elle n'en a déjà plus, s'est évanoui dans les révolutions passées; enfin, comme elle n'acquiert rien, elle perdra toujours, & les changemens qu'elle subira, seront en mal, comme partout ailleurs ils seront en bien.

SECTION XX.

Conclusion sur le Despotisme.

LES sources & les causes du Despotisme doivent être actuellement aussi
connues que les maux qu'il a produits;
quelle noble qu'ait été son origine;
ce Gouvernement n'a jamais été qu'un
monstre dès sa naissance, & il ne sera
jamais que le fléau du Genre-Humain,
qu'il avilit, qu'il dégrade, & qu'il
déshonore.

La Théocratie avoit pris les hommes pour justes, le Despotisme les a
regardés comme méchans: l'un & l'autre Gouvernement, en supposant des
principes extrêmes qui ne sont point
faits pour la Terre, ont produit à
la fois la honte & le malheur du
Monde; l'idolatrie est venue s'emparer du Trône élevé au Dieu Monar-

que , & une servitude sans bornes a pris la place de cette précieuse liberté qu'on vouloit conserver par des moyens surnaturels.

On avoit espéré faire descendre sur la Terre la félicité du regne & de l'état des justes dans le Ciel, & l'on s'est plongé dans les horreurs & le désespoir du regne des Enfers.

Au lieu de regarder les Rois comme les représentans de la raison publique, & l'image abrégée de la Société sur laquelle ils président , on a voulu les regarder comme les représentans de la Divinité , qui n'en peut avoir sur la Terre sans s'être avilie , & sans que sa fausse image ne nous trompe par la multitude des préjugés qui naissent de cette superstition.

Il est donc enfin démontré que le Despotisme est un genre de Gouvernement aussi contraire à la Religion qu'au bon sens & à la droite raison , pour le définir en deux mots, le Despotifme n'eft qu'une Théocratie Payenne.

Je dis que le Defpotisme eft une Théocratie Payenne ; il fuffiroit, fans doute, de dire que c'eft une Théocratie ; car que peut-il y avoir fur la Terre de Théocratie qui ne foit Payenne & idolâtre ?

L'idolatrie ne confifte pas fimplement à regarder une ftatue, un animal, ou un homme comme le repréfentant de Dieu ; pour bien définir l'idolâtrie, on devroit dire que c'eft *un culte ou une police qui fuppofe comme divin ce qui n'eft pas divin* ; ainfi non feulement c'eft une idolatrie d'adorer une ftatue, un animal, ou un mortel comme un Dieu ; mais c'eft encore une idolatrie de s'imaginer que les paroles de cet homme, & les oracles qu'on fait prononcer au marbre & au bronze, font les paroles & les décrets de la Divinité. C'eft une idolatrie de préférer des fpéculations, des idées & des chi-

mères mystiques & Théocratiques, à
la raison & au bon sens. C'est une idolatrie de regarder toute Législation
comme immédiatement émanée de
Dieu même, & dictée à ses Ministres
par le Ciel. C'est une idolatrie de reconnoître dans ces Ministres Théocratiques un caractere divin & ineffable.
C'est une idolatrie d'appliquer à la
conduite des hommes ici-bas, les Loix
qui ne sont faites que pour les créatures célestes. C'est une idolatrie de sacrifier la paix & la tranquillité, & la
raison publique à tous ce qu'on appelloit, & ce qu'on appelle Aruspice,
Augure, Magie, Divination, Oracle,
Prophétie & Révélation. C'est une
idolatrie de confondre le Ciel avec la
Terre, de ne vouloir pas dépendre de
la raison publique, de se méconnoître,
& de prétendre être plus qu'un homme. C'est une idolatrie de renoncer au
titre de Citoyen du Monde, & de sujet
de son Prince naturel, pour tyranni-

ser le Genre-Humain au nom de la Divinité, ou pour vivre en reclus, en méprisant ou en oubliant le reste de la Terre.

Enfin, puisqu'il faut en convenir, la Théocratie, source de toutes les erreurs, le Despotisme sacré & civil qui en est sorti, & tous les Gouvernemens & administrations qui en sont dérivées, ou qui leurs ressemblent, sont des idolatries aussi absurdes en elles-mêmes, qu'elles sont criminelles envers la Divinité, & pernicieuses pour toutes les Sociétés.

SECTION XXI.

Comment le Despotisme a pris fin en Europe. Les Républiques lui succedent. Faux principes de ce nouveau Gouvernement.

APrès être parvenu à connoître toutes les circonstances de la naissance,

des progrès, & du regne du Despotisme, on voudra peut-être sçavoir de
quelle maniere il a pris fin chez plusieurs des peuples de la Terre, & quels
sont les peuples auxquels son joug a-
yant paru le plus insupportable, ont
été les premiers à rompre leur chaînes
pour se donner un autre Gouverne-
nement; on desirera, sans doute, encore d'apprendre quel est le genre de
Gouvernement que ces Nations auront
choisi; & comme personne n'ignore
qu'il n'en a point paru d'autre que le
Républicain & le *Monarchique*, on me
demandera au moins quelles ont été les
vues de ceux qui les ont établis, &
quel est le caractère de ces deux nouvelles Législations? Comme ces ques-
tions sont les suites presque inséparables de notre sujet, je vais tâcher d'y
répondre.

C'est ici que dans cette multitude de
Nations anciennes qui vivoient toutes
dans un égal esclavage, nous verrons

quelques hommes commencer à sentir les privileges de leur nature, & la force de leurs climats.

L'histoire du Monde, dont nous pouvons actuellement entrevoir les temps connus, nous apprend que c'est l'Europe qui, fatiguée du Gouvernement tyrannique de ses anciens Rois, renversa la premiere les Trônes de la Gréce & de l'Italie, & qui, cherchant à rendre à la Nature Humaine l'honneur & la liberté qu'on lui avoit ravie, établit par-tout le Gouvernement Républicain, comme le plus capable de rendre les hommes libres & heureux: nouveaux-moyens & nouvelles méprises dont il faut encore étudier les sources.

Nous avons vu plus haut qu'après l'extinction de la Théocratie Ecclésiastique, presque tous les Peuples éviterent le Gouvernement de plusieurs, par un principe religieux, & par le préjugé que les hommes devoient être gouvernés sur la Terre par une seule volonté, comme l'Univers entier l'est par l'Etre Suprême. Les mauvaises conséquences qu'on avoit tirées de ce grand principe, ayant nécessairement produit les plus grands maux dans chaque Société, & les plus grands ravages par toute la Terre, les Européens s'en dégouterent les premiers, à la vérité, parce qu'ils furent de tous les hommes les plus sensibles à ces abus; néanmoins il ne faut pas nous imaginer que tous les anciens préjugés fussent éteints parmi eux, & qu'ils n'eurent plus de part au nouveau genre de Gouvernement que les Peuples se donnerent dans cette révolution politique. Les anciennes spéculations Théocratiques se réveillerent, & comme elles influerent sur les nouveaux arrangemens que l'on prit, & sur les projets de liberté qu'on imagina de toutes parts, ces anciennes chimeres furent encore la source de tous les vices & de tous les défordres des conftitutions Républicaines de la Grece & de l'Italie.

Le Gouvernement d'un Roi & fa néceffité tenoit encore dans l'efprit des Peuples de l'Europe tellement à leur Religion, que ceux d'entre eux qui conçurent le plus de haine & d'horreur contre la Royauté, crurent néanmoins devoir en conferver l'ombre, s'ils en anéantiffoient la réalité. Les Athéniens & les Romains en reléguerent le nom, fans aucun pouvoir dans le Sacerdoce; & les uns en créant un *Roi des Augures*, & les autres un *Roi des Sacrifices*, s'imaginerent fatisfaire par-là tous les préjugés religieux qu'ils avoient encore fur la néceffité de la préfence d'un Roi dans la Société: mais ce qui doit nous faire parfaitement démêler le véritable efprit Théocratique, qui dictoit encore ces préjugés, c'eft que les Athéniens éleverent en même temps une ftatue à *Jupiter Roi*, pour faire connoître qu'ils n'en vouloient point d'autre à l'avenir.

Les Républicains ne firent donc que
rétablir la Théocratie primitive ; il en
fut de même des autres préjugés dépen-
dans du premier, qui s'efforçoient de
ramener toujours au regne & à l'état
des habitans du Ciel, le Gouvernement,
& l'état des hommes sur la Terre : ils
inspirerent toutes les nouvelles loix
que l'on fit alors pour établir la liberté,
l'égalité & la félicité de chaque citoyen ; & comme ces préjugés avoient
fait le malheur des anciennes Théocraties, ils furent de même la source de
toutes les discordes, & des perpétuelles fermentations des Républiques, qui
n'ayant que des points de vue illusoires
& des faux principes de conduite, ne
purent jamais parvenir à cette assiette
fixe & tranquille qu'elles cherchoient.
Comme on s'imagina que l'égalité que
mille causes physiques & morales ont
toujours écartée & écarteront toujours
de la Terre, parce qu'elle n'est faite
que pour le Ciel ; comme on s'imagi-

na , dis-je, que cette égalité étoit de
l'effence de la liberté , tous les membres d'une République fe firent égaux,
ils furent tous Rois , ils furent tous
Légiflateurs.

Pour maintenir ces glorieufes chimeres, il n'eft point d'Etat Républicain
qui n'ait eu recours à des moyens forcés, violens & furnaturels: le partage
des terres , l'abolition des dettes, la
communauté des biens, le nombre &
la valeur des voix légiflatives , une
multitude de loix fur le luxe, fur la
frugalité, fur le commerce, &c. les
occuperent & les diviferent fans ceffe.
Les Républiques fe difoient libres,
elles cherchoient toujours la liberté;
elles voulurent être tranquilles, elles
ne le furent jamais; chacun s'y difoit
égal, il n'y eut point d'égalité; enfin
ces Gouvernemens, pour avoir eu pour
objet tous les avantages extrêmes des
Théocraties & du Regne célefte, furent perpétuellement comme ces vaif-

seaux, qui cherchant des contrées imaginaires, s'exposent sur des mers ora-
geuses, où après avoir été longtemps
tourmentés par d'affreuses tempêtes,
ils vont enfin échouer sur des écueils,
ou se briser contre des rochers d'une
terre déserte & sauvage. Le systême
Républicain cherchoit de même une
contrée fabuleuse; il fuyoit le Despotisme, & par tout le Despotisme fut sa
fin. Telle étoit la mauvaise constitution de ces Gouvernemens, qui vouloient affecter l'égalité & la liberté,
que ce Despotisme, qu'ils haïssoient,
en étoit la ressource & le soutien dans
les temps difficiles. Il fallut souvent
que Rome pour se conserver, oubliât
qu'elle étoit République, & qu'elle se
soumit à des *Decem-virs*, à des *Dicta-
teurs*, & à des *Censeurs* Souverains.

Je ne rappellerai point ici les autres
principes Théocratiques sur l'unité du
regne du Dieu Monarque, qui étant
aussi passés dans les Républiques, les

rendirent conquérantes par principe de
Religion ; & contre le bien-être de
toutes les Sociétés.

Pour se bien convaincre que ce Gouvernement n'est point fait pour la Terre, ni proportionné au caractere de
l'homme, ni capable de faire ici-bas
tout son bonheur, il suffit de remarquer son inconstance, & ses divisions
perpétuelles, son peu de durée, & les
limites étroites des territoires dans lesquels il a toujours fallu qu'il se ren-
fermât pour conserver sa constitution.
Par cette derniere précaution, qui lui
étoit d'une nécessité indispensable, il y
eut moins d'unité sur la Terre, qu'il
n'y en avoit jamais eu, l'inégalité &
la jalousie des Républiques entr'elles
firent répandre autant & plus de sang
que le Despotisme le plus cruel : les
petites Sociétés furent dévorées par les
grandes, & les grandes à leur tour se
devorerent elles mêmes.

Ce qui est capable de nous intéresser

cependant encore pour les anciennes
Républiques, & ce qui ſemble parler
en leur faveur, ce ſont les exemples é-
tonnans de force, de vertu, & de courage, qu'elles nous ont toutes donnés,
& qui les immortaliſeront ſans doute.
Pour ne point nous laiſſer ſéduire par
ces traits brillans, il ne faut qu'examiner les cauſes de leurs vertus, comme
nous venons d'examiner les cauſes de
leurs vices.

Comme les principes Théocratiques
que nous avons retrouvés dans ces Républiques, étoient au-deſſus des forces
humaines, ils ont dû élever l'homme
au-deſſus de lui-même ; mais ils n'ont
pu le faire que pour un temps, parce
qu'alors les hommes agiſſant par un excès de ferveur & de zèle, n'ont point
été capables de ſe ſoutenir conſtamment
dans un état qui n'eſt point leur véritable
ble état ſur la Terre ; les prodiges ici-
bas n'y ſont point de durée, parce
qu'ils ne font point partie du cours or-
di-

dinaire de la Nature. Il a donc fallu
que le Républicain s'élevât pendant un
temps au - deffus de lui - même, parce
que le point de vue de fon Gouvernement étoit furnaturel : il a fallu qu'il
fût vertueux pendant un temps, fon
Gouvernement voulant fe modeler fur
celui du Ciel où réfide la vertu ; mais
à la fin il a fallu que l'homme redevînt
homme, parce qu'il eft fait pour l'être.

C'eft le même furnaturel que nous
admirons dans ces anciennes Républiques, & que nous femblons regretter,
qui avoit été, fuivant les apparences,
la fource du bonheur paffager des
Théocraties primitives, dont tous les
hommes ont fait l'âge d'or & le regne
de la juftice ; c'eft ce même furnaturel encore, qui ayant par la fuite animé notre primitive Eglife, fait qu'aujourd'hui on le rappelle fi fouvent avec
enthoufiafme. Quoique les objets fpé-
culatifs de ces trois états puiffent nous
paroître différens, ils ont été néan-

moins les mêmes pour le fonds, & tous les trois ont dû nécessairement produire des prodiges de vertu ; mais le même surnaturel qui les animoit, & qui les échauffoit, est ce qui en fait la courte durée, parce que tout ce qui est surnaturel n'est point fait pour la Terre.

Ceci doit nous faire remarquer combien la superstition, ou la vanité Chrétienne, s'est trompée, lorsqu'elle a appellé les vertus héroïques des anciens, de *fausses vertus*, & des *vertus humaines* ; si elles ont été fausses, c'est par une raison toute contraire, c'est parce qu'elles étoient plus-qu'humaines ; & ce qui fait aujourd'hui le malheur du Monde, c'est que la plupart des vertus que prêche le Christianisme sont de cette espece.

La vertu, ce mobile nécessaire du Gouvernement Républicain, est tellement un ressort disproportionné sur la Terre, que dans les Républiques de la Grece, & de l'Italie, elle étoit un défaut.

Cette sublime vertu, qui sera la source de l'égalité dans le Ciel, amene sur la Terre l'inégalité qu'on y veut éviter. Rome & Athenes nous en ont donné des preuves qui nous paroissent étranges & inconcevables, parce qu'on ne veut jamais prendre l'homme pour ce qu'il est. Les plus grands personnages, les citoyens les plus sages, tous ceux enfin qui avoient le plus obligé ces Républiques, étoient bannis, ou se bannissoient eux-mêmes; c'est qu'ils choquoient cette nature humaine qu'on méconnoissoit; c'est qu'ils se rendoient coupables aux yeux de l'égalité publique, par leur trop de vertu.

SECTION XXII.

Du Gouvernement Monarchique.

LEs abus du Despotisme, les dangers des Républiques, & le faux de ces deux Gouvernemens issus de la Théocratie, nous apprendroient ce que nous devons penser du troifieme, quand même la raifon feule ne nous le dicteroit point : un Gouvernement où le Trône du Monarque a pour fondemens les loix de la Société fur laquelle il regne, eft fans doute le plus fage, & le plus heureux de tous.

Tous les principes d'un tel Gouvernement font pris dans la nature de l'homme & de la planete qu'il habite; il eft fait pour la Terre, comme une République, & une Théocratie font faites pour le Ciel, & comme le Defpotifme eft fait pour les Enfers. L'honneur & la raifon qui lui ont donné l'être, & qui le dirigent, font les vrais mobiles de l'homme; comme cette fublime vertu dont les Républiques ne nous ont montré que des rayons paffagers, eft le mobile conftant des habitans du Ciel, & comme la crainte des Etats Defpotiques eft l'unique mobile des reprouvés.

C'eft le Gouvernement Monarchique

qui feul a trouvé les vrais moyens de faire jouïr les hommes de tout le bonheur poffible, de toute la liberté poffible, & de tous les avantages dont on peut jouïr fur la Terre; comme les autres anciens Gouvernemens, il n'a point été en chercher de chimériques dont on ne peut conftamment ufer, & dont on peut abufer fans ceffe.

Le Gouvernement Monarchique doit être regardé comme le chef-d'œuvre de la raifon humaine, & comme le port où le Genre-Humain battu de la tempête, en cherchant une félicité imaginaire, a dû fe rendre pour en trouver une qui fût faite pour lui; moins fublime, à la vérité, que celle qu'il avoit en vue, mais plus folide, plus réelle, & plus vraie fur la Terre.

C'eft-là qu'il a trouvé des Rois qui n'affectent plus la Divinité, & qui ne peuvent oublier qu'ils font des hommes; c'eft-là qu'il peut les aimer, les honorer, les refpecter, fans les adorer

& fans les craindre comme des Dieux, ou des idoles ; c'eft-là que les Rois re-connoiffent des loix fociales & fonda-mentales qui rendent leurs Trônes iné-branlables , & les peuples heureux ; c'eft-là enfin que les Peuples obéiffent fans peine & fans murmure à des loix qui leur ont enfin donné de fages Mo-narques, & qui leur ont procuré tous les avantages honorables & raifonnables qui diftinguent l'homme d'avec l'efcla-ve de l'Afie, & le Sauvage de l'Amé-rique.

Comme nos ancêtres pleins de bon fens, & vivement pénétrés du feul fen-timent de la dignité de leur nature, en fe donnant des Rois, n'ont point fait un choix extrême entre un Dieu & un Démon ; comme ils ont pris un mor-tel femblable à eux, que la raifon pu-blique foutient par des loix fixes & conftantes, qui l'obligent tout le pre-mier, parce qu'il eft homme, & le premier des hommes ; ce Gouverne-

ment humain & modéré n'exige point
de ses Rois qu'ils se comportent en
Dieux ; il n'exige point des Peuples
une austere vertu, dont peu sont capables ; ni une soumission d'esclave qui
les révolteroit, ou qui les dégraderoit.
Les hommes y sont pris pour ce qu'ils
sont ; on les y laisse jouïr du sentiment
de leur état civil & naturel ; on y en-
tretient même dans chacun ce sentiment
de la dignité de sa nature, que l'on appelle *honneur* ; s'ils ont des passions,
parce qu'ils sont hommes , & qu'ils
doivent en avoir, l'Etat sçait les contenir & les tourner au profit du bien
général. Constitution admirable, digne de tous nos respects, & de tout
notre amour ! Chaque Société y doit
voir & sentir une position d'autant plus
heureuse, que cette position n'est point
établie sur des principes faux, sur des
moyens ou sur des motifs chimériques,
ni sur des idées superstitieuses & mystiques, mais sur la raison , sur la nature,

& fur le caractere des chofes d'ici bas.

Je n'entrerai point ici dans le détail des diverfités qu'ont entr'elles les Monarchies préfentes de l'Europe ; elles font toutes du plus au moins fondées fur les vrais principes ; mais telle croit jouïr d'une conftitution parfaite, qui n'a encore que les abus des anciennes ; & telle autre fe plaint, qui eft peut-être plus heureufe qu'elle ne penfé, & plus proche de la perfection.

On ne doit point s'imaginer que nous ne puiffions voir un jour des Monarchies parfaites, auxquelles il ne manquera rien de ce qui eft de l'effence de ce Gouvernement. Ses principes humains & naturels, feront connoître quelles en doivent être toutes les véritables loix ; & ces loix étant auffi humaines & naturelles que les principes qui les font découvrir, on peut prévoir que le temps & le progrès de la raifon y amèneront néceffairement. Il n'en eft pas de même des deux autres Gouvernemens ; la perfection d'une République, ou d'une Théocratie, eſt une chimere ; & la perfection d'un Deſpotiſme eſt une horreur, ou ce n'eſt plus un Deſpotiſme.

Les Monarchies préſentes peuvent donc avoir encore quelques défauts, mais ce n'eſt point à moi à les relever ici ; je ne ſuis que citoyen, & le bonheur dont mes loix & mon Prince me font jouïr, exige que je ne ſois rien de plus ; c'eſt le progrès des connoiſſances qui en agiſſant ſur les Rois, & ſur la raiſon publique, achévera de les inſtruire ſur tout ce qui peut manquer au vrai bien de la Société : c'eſt à ce ſeul progrès, qui commande d'une façon inviſible & victorieuſe à tout ce qui penſe dans la Nature, qu'il eſt réſervé d'être à l'avenir le Légiſlateur de tous les hommes, & de porter inſenſiblement & ſans effort des lumieres nouvelles dans le Monde politique, comme il en porte tous les jours dans le Monde ſçavant. X 5

OBSERVATIONS

Sur le Livre de l'Esprit des Loix.

JE croirois avoir omis la plus intéressante de mes observations, si après avoir suivi & examiné les sources & les progrès des différens Gouvernemens qui subsistent & qui ont subsisté sur la Terre, je ne finissois par faire remarquer & admirer la sagacité d'un grand homme, qui, sans aucune connoissance de l'origine particuliere des Gouvernemens, qu'il n'a sans doute point voulu chercher, a commencé où je viens de finir, & a prescrit néanmoins à chacun d'eux son mobile & ses loix.

Nous avons vu que les Théocraties & les Républiques avoient pris le Ciel même pour modele de leur administration. *C'est la vertu*, dit M. de Montesquieu, *qui doit être le mobile du Gouvernement Républicain.*

Nous avons vu que le Despotisme n'avoit jamais cherché qu'à représenter le grand Juge exterminateur, dans la Théocratie corrompue. *C'est la crainte*, dit encore M. de Montesquieu, *qui doit être le mobile du Despotisme.*

C'est l'honneur, dit enfin ce Législateur de notre siecle, *qui doit être le mobile de la Monarchie.* Nous avons, en effet, reconnu que c'est le seul Gouvernement raisonnable, fait pour la Terre, qui laissant à l'homme le sentiment de son état & de son existence, doit être soutenu & conservé par l'honneur, qui n'est autre chose que le sentiment que nous avons tous de la dignité de notre nature.

Quoi qu'ayent donc pu dire la passion, l'ignorance & la superstition, contre les principes du sublime Auteur de l'*Esprit des Loix*, ils sont aussi vrais que sa sagacité a été grande pour les deviner; mais tel est le privilege du génie, d'être seul capable de connoître le vrai d'un grand tout, lors même que ce tout lui est inconnu, & qu'il n'en voit encore qu'une partie.

Que ne vit-il encore, cet homme unique entre tous les hommes de nos jours, & de tous les siecles passés, pour nous instruire, & en particulier pour rentrer dans cet ouvrage, comme dans un bien qu'il feroit mieux valoir, que moi. Puisse-t-il, quelque informe que soit cette esquisse, recevoir l'hommage que j'ose en faire à sa mémoire!

F I N.